Optimistisch denken

Elke Nürnberger

Inhalt

Vorwort

Sei positiv! In Zeiten, in denen die Medien voller Nachrichten über Wirtschaftskrise und Klimakatastrophe sind, eine paradoxe Aufforderung, oder? Zumal viele Menschen ganz persönlich betroffen sind, etwa durch Arbeitslosigkeit oder Zukunftsangst. Und – ebenso paradox – gerade in diesen Zeiten den optimistischen Blick nach vorne dringend nötig hätten.

Die gute Nachricht lautet: Optimismus ist möglich, auch unter „ungünstigen" Umständen. Jeder kann lernen, optimistisch zu denken. Denn Optimismus ist eine Frage der Haltung, eine Sichtweise – auf uns selbst, auf andere und auf Ereignisse. In diesem TaschenGuide erhalten Sie zahlreiche Anregungen, wie Sie sich zunächst selbst auf die Schliche kommen. Finden Sie heraus, was Sie hemmt, und erfahren Sie, wie Sie in kleinen Schritten Ihre Haltung, Ihre Urteile, Ihre Denkmuster ändern können.

Doch damit noch nicht genug: Optimistisches Denken hängt eng damit zusammen, wie wir sprechen und handeln. Sie erfahren, wie Sie stärker auf das achten, *was* Sie sagen und *wie* Sie es sagen. Und nicht zuletzt gilt es, das tägliche Handeln optimistisch auszurichten. Lesen Sie, wie Sie mit einem kleinen, aber effektiven Trainingsprogramm Ihrem Optimismus jeden Tag einen Schritt näher kommen. Ganz in diesem Sinne: Die wahren Optimisten sind nicht überzeugt, dass alles gutgehen wird. Aber sie sind überzeugt, dass nicht alles schiefgehen wird.

Elke Nürnberger

Optimismus – eine Frage der Haltung

Wie wir das Leben wahrnehmen und nicht so sehr, *was* wir wahrnehmen, entscheidet darüber, ob wir unser Leben als befriedigend und glücklich empfinden. Wer optimistisch denkt, hat eine bestimmte Sichtweise auf sich und die Welt – das unterscheidet ihn von Pessimisten.

In diesem Kapitel lesen Sie,

- wie Optimisten Ereignisse und Ihre Umgebung wahrnehmen (ab S. 6),
- dass diese Wahrnehmung davon abhängt, wie wir uns die Welt erklären und sie beurteilen (ab S. 11),
- warum das Gefühl der Selbstwirksamkeit zu einer optimistischen Haltung beiträgt (ab S. 20).

Wie Optimisten denken

Beispiel

 In einer Reportage wurde eine Bauernfamilie nach einer Naturkatastrophe interviewt: Haus, Hof und ein Großteil des Viehs waren verloren, die Ernte vernichtet. Sie besaßen nichts mehr, bis auf das, was sie am Leib trugen, und waren in einem Notbehelf unter einfachsten Bedingungen untergebracht. Auf finanzielle Unterstützung war weder durch Versicherung noch Staat zu hoffen.

Im Interview erzählten sie, sie würden jetzt mit dem Wiederaufbau Ihres Hauses und der Stallungen beginnen. Sie wollten die Felder bestellen, in der Hoffnung auf eine neue Ernte im nächsten Jahr. „Sie schätzten sich glücklich", sie waren gesund und mit dem Leben davongekommen – im Gegensatz zu vielen anderen. „Man müsse weitermachen ... so etwas passiere auf der Welt."

Klagen, Depression oder Verzweiflung hätte man erwartet, doch die Familie sprach von der Zukunft, ihren Plänen, der Vision, wie alles bald wieder aussehen würde. Sie dachten darüber nach, was sie optimieren würden. Dabei verzichteten sie auf Fragen, warum dies ausgerechnet ihnen und warum es überhaupt passiert war. Aus ihrer nach vorn gerichteten Sichtweise schöpften sie offensichtlich viel Kraft. Was zeichnet Menschen aus, die nach einem solchen Schicksalsschlag in dieser Weise nach vorne schauen?

Das Leben ist, wie wir es wahrnehmen

„Das Glück Deines Lebens hängt von der Beschaffenheit Deiner Gedanken ab", sagte Marc Aurel. Kraft ihrer Gedanken hat die Familie aus dem Beispiel aus einer Katastrophe eine zu bewältigende Situation geschaffen. Wer sich dagegen deprimierende Visionen ausmalt, fühlt sich deprimiert, wer sich in verzweifelte Gedanken verstrickt, bekommt Angst, wer sich hoffnungslose Gedanken macht, verliert die Hoffnung – und das sogar, ohne in eine Katastrophensituation geraten zu sein.

Wer optimistisch denkt, nimmt wahr, dass das Leben, trotz eines harten Schlags, weitergeht. Er erkennt bei näherer Betrachtung seiner Rückschläge manchmal auch einen guten Aspekt und bemerkt, dass nichts ausschließlich gut oder schlecht ist. Wer sich und die Welt optimistisch betrachtet, beeinflusst nachweislich seine seelische Verfassung positiv und steigert die Lebensfreude. Optimismus ist die Basis für Zufriedenheit und Vertrauen in die Zukunft.

> Die Qualität der Gedanken entscheidet darüber, ob wir das Leben als befriedigend oder unbefriedigend, spannend oder langweilig, glücklich oder unglücklich empfinden.

Was Optimisten auszeichnet

Heiterer, realitätsnaher Optimismus lässt sich so beschreiben: Ein Optimist steht nicht im Regen – er duscht unter einer Wolke. Was bedeutet das? Der Begriff „Optimismus" kommt aus dem Lateinischen, „optimus" bedeutet „der Beste". Optimismus ist die Bezeichnung für eine positive Lebenseinstellung in der Erwartung, dass sich die Dinge zum Guten entwickeln – unabhängig davon, welche Lebenserfahrungen man gerade macht. Optimismus beschreibt eine innere Einstellung, die dem Leben eine dauerhaft positive Färbung verleiht.

Optimistische Menschen behalten in schwierigen Lebenssituationen Zuversicht und Hoffnung. Probleme werden weder verdrängt noch geleugnet. Im Idealfall werden Fehler analysiert, um sie in Zukunft vermeiden zu können. Das bedeutet nicht, dass Optimisten von Schicksalsschlägen oder Niederlagen nicht erschüttert würden. Aber: Optimisten blicken auch dann nach vorne, *wenn* sie gescheitert sind.

Optimismus entwickelt sich aus der Erwartung, dass positive Ergebnisse durch eigenes Wirken erzielt werden können. Eine optimistische Einstellung der Welt gegenüber hat daher viel mit Aktivität und Konstruktivität zu tun. Positiv Eingestellte begegnen der Welt mit dem Willen zum Guten und der Hoffnung auf Gelingen und Kontrolle. Optimismus kann man auch danach definieren, wie ein Mensch eigene Niederlagen erklärt:

- Optimisten führen Niederlagen auf Umstände zurück, die sie zukünftig ändern können. Und:
- Optimisten suchen die Ursache von Problemen nicht ausschließlich in sich selbst.

Somit erleben sie die Welt in gewissem Maße als kontrollier- und gestaltbar. Insbesondere scheint der Glaube eine Rolle zu spielen, dass diese Kontrolle in der eigenen Hand liegt. Optimisten verwenden vor allem aktive, problemlösende Strategien. Sie konfrontieren sich mit den Hürden des Lebens: Sie gestalten und sind sich ihres Gestaltungsspielraums bewusst.

Optimistisches Denken hat weder mit realitätsfremder Betrachtung durch die rosarote Brille noch mit Verdrängung zu tun.

Gehirn und Optimismus

Hier die gute Nachricht für alle, die behaupten, ihnen sei der Pessimismus in die Wiege gelegt worden: Optimistisches Denken kann man lernen und trainieren. Man kann daran arbeiten, eine positive Sichtweise zu entwickeln, indem man immer wieder nach realistischen Gründen für Erfolge und Misserfolge sucht und sich diese vor Augen hält. Denn: „Das Gehirn ist ein permanent lernendes System", sagt Joachim Bauer, Professor am Universitätsklinikum Freiburg. „Jede markante Erfahrung verändert die synaptischen Verschaltungen im Nervenzellen-Netzwerk." Das kann all jene zuversichtlich stimmen, die glauben, man müsse als Optimist zur Welt gekommen sein oder ist durch Erbanlage, Erziehung und Kindheitserlebnisse für alle Zeiten festgelegt.

Wo wohnt der Optimismus?

Der Optimismus hat sein Zuhause in unserem Kopf. Genau genommen sorgen zwei Regionen im Gehirn für Zuversicht, wie Neurowissenschaftler der Universität New York herausfanden: der tief im Innern des Gehirns sitzende sogenannte Mandelkern (Amygdala) und ein Teil des anterioren cingulären Cortex – ein Gehirnareal direkt hinter den Augen. Die Psychologin Tali Sharot lokalisierte diese Regionen in Gehirnen von Testpersonen. Je optimistischer jemand in die Zukunft blickte, desto höher wurde dort die Aktivität.

Wie lernfähig ist unser Gehirn?

Durch stete optimistische Gedanken, Handlungen und Erfahrungen entstehen neue Verschaltungen, die sich umso mehr verfestigen, je mehr man sie nutzt. Diese Verschaltungen beeinflussen, wie wir uns beim nächsten Mal in einer bestimmten Situation verhalten. Neue Erfahrungen führen zum weiteren Ausbau der neuronalen Netzwerke. Der Prozess, den man „neuronale Plastizität" nennt, geht lebenslang weiter.

Die Hirnforschung hat in den letzten Jahren erstaunliche Erkenntnisse gewonnen. Heute weiß man über die enorme Adaptions- und Lernfähigkeit des Gehirns, dass diese zwar mit dem Alter abnimmt, aber bei weitem nicht so stark wie angenommen. Lange Zeit ging man davon aus, die Hirnentwicklung sei im Jugendalter abgeschlossen und neuronale Netzwerke endgültig angelegt. Doch auch im erwachsenen Gehirn bilden sich neue Verschaltungen und werden für neue Aufgaben zusätzliche Hirnregionen rekrutiert, auch wenn dies länger dauert als bei Kindern (z. B. Sprachenlernen). Neuronale Prozesse und bewusst erlebte geistig-psychische Zustände korrespondieren eng miteinander. Alle innerpsychischen Prozesse gehen offensichtlich mit neuronalen Vorgängen einher – der Mensch verändert also permanent durch Lernen und Erfahrung seine neuronale Architektur.

> Da niemand als Pessimist geboren wurde, sondern man gelernt hat, sich pessimistisch zu verhalten, kann man auch schrittweise lernen, sich wieder eine positivere und optimistischere Sicht zuzulegen bzw. zu trainieren. Bereits die Beschäftigung mit Optimismus ist schon ein erster, positiver Schritt und aktiviert die zuständigen Gehirnregionen.

Aufgrund dieser Erkenntnisse der Hirnforschung lautet das Motto für mehr Optimismus: Steter Tropfen höhlt den Stein. Optimistische Gedanken gelingen leichter und leichter, je öfter man sie sich macht.

Wie Urteile die Welt verändern

Optimismus und sein Gegenstück, der Pessimismus, sind verschiedene Arten, wie Menschen sich Ereignisse in ihrem Leben erklären. In der Sozialpsychologie bezeichnet man solche Erklärungsmuster als Kausalattributionen, also als Zuschreibungen von Ursachen.

Beispiel

 Carina und Johannes studieren im zweiten Semester Physik. Beide haben eine wichtige Klausur mit der Note vier abgeschlossen. Carina beunruhigt das nicht weiter: „Ich war nicht gut drauf an dem Tag und es gab zu viele Dinge, die mich in der Vorbereitungszeit vom Lernen abgehalten haben. Das nächste Mal arbeite ich intensiver."

Johannes reagiert anders: „Mal wieder typisch für mich. Ich kann mir den Stoff nicht merken. Egal, wie viel ich lerne – es wird nicht besser, ich bin wahrscheinlich nicht intelligent genug." Mit Johannes' Haltung sind weiterer Frust und Enttäuschung vorprogrammiert. Wer fehlende Intelligenz als Grund für sein Scheitern angibt, hat ein unlösbares Problem, denn der Lösungsansatz hieße: „Ich benötige mehr Intelligenz." Dies liegt jedoch außerhalb des eigenen Einflussbereichs.

Die Interpretation von Gelingen und Scheitern beeinflusst unsere Gefühle und die Motivation. Die Art, wie wir Situationen und Ereignisse in seinem Leben deuten, etwa eine misslungene Prüfung, die Absage einer Bewerbung oder das Zuspätkommen eines Freundes, entwickelt sich oft zu einem bestimmten, individuellen Erklärungs- oder Attributionsstil. Wem gibt man die Schuld an Misserfolgen? Hält man alles, was schlecht läuft, für einen Beweis des eigenen Versagens?

Positiver oder negativer Erklärungsstil

In der psychologischen Forschung konzentrierte sich der US-amerikanische Psychologe Martin Seligman auf die Frage, wie sich die verschiedenen Erklärungsstile – also das Ausmaß an Optimismus oder Pessimismus – auf zukünftiges Verhalten und Handeln auswirken. In Studien konnte nachgewiesen werden, dass das Motivationsniveau für künftige Leistungen dadurch wesentlich beeinflusst wird. Somit liegt offensichtlich der objektive Grund von Erfolg oder Misserfolg häufig schon an den Erklärungen und Einschätzungen, die man im Vorfeld dafür parat hat.

Die Studenten aus dem Beispiel von S. 11 werden sich aufgrund ihrer unterschiedlichen Erklärungen des mäßigen Prüfungsergebnisses unterschiedlich motiviert auf ihre nächste Prüfung vorbereiten. Beide werden schon allein deshalb – und völlig unabhängig von ihren Fähigkeiten – mit einer positiven bzw. negativen Prognose in den nächsten Test gehen. Damit haben sie bereits den Grundstock für künftigen Erfolg oder Misserfolg gelegt (siehe auch S. 50 „Sich selbst erfüllende Prophezeiung").

Wie erklären Sie sich Erfolg und Misserfolg?

Prinzipiell gibt es nach Seligman drei ausschlaggebende Faktoren bei der Erklärung von Erfolg und Misserfolg: Dauerhaftigkeit, Geltungsbereich und Personalisierung.

Erklärungsstile von Erfolg und Misserfolg		
Dauerhaftigkeit		
	So sieht es der Optimist	**Das sieht es der Pessimist**
Misserfolg	Hat zeitweilige und vorübergehende Ursachen.	Hat dauerhafte und bleibende Ursachen.
Erfolg	Hat dauerhafte und bleibende Ursachen.	Hat zeitweilige und vorübergehende Ursachen, z. B.: „Es war Zufall."
Geltungsbereich		
	So sieht es der Optimist	**Das sieht es der Pessimist**
Misserfolg	Ist ein Einzelfall innerhalb eines abgegrenzten Themenbereichs.	Einzelne Fehlschläge werden verallgemeinert und auf andere Lebensbereiche übertragen: „Nichts gelingt mir."
Erfolg	Typisch, also allgemeingültig.	Ist ein Einzelfall: „Ich hatte viel Glück."

Personalisierung		
	So sieht es der Optimist	**Das sieht es der Pessimist**
Miss-erfolg	Gründe liegen eher bei anderen Menschen oder Umständen (external), einhergehend mit einem starken Selbstwertgefühl.	Gründe liegen in der eigenen Person (internal); damit schwächt man das Selbstwertgefühl.
Erfolg	Gründe liegen in der eigenen Person (internal): „Ich bin gut."	Gründe liegen in den äußeren Umständen (external): „Der Test war sehr leicht."

Menschen, die Rückschläge als kurzfristig, punktuell und von äußeren Umständen (mit-)verursacht sehen, gehen relativ unbelastet an einen weiteren Versuch. Wer positive Ereignisse als dauerhaft, auf andere Lebensbereiche übertragbar und in der eigenen Person liegend erklärt, wird seine optimistische Sichtweise immer wieder neu bestätigt finden. Mit anderen Worten: Optimisten suchen den Grund für Misserfolge auch außerhalb ihrer Person („Die Prüfung war unfair") oder sind überzeugt, dass das ein einmaliger Ausrutscher war und sie die Situation beim nächsten Mal verändern können. Pessimisten dagegen suchen stets die Schuld bei sich („Ich bin ein Versager") und halten Misserfolge für folgerichtig und nicht aufhaltbar.

Die folgende Abbildung gibt eine Übersicht über die möglichen Erklärungsmuster.

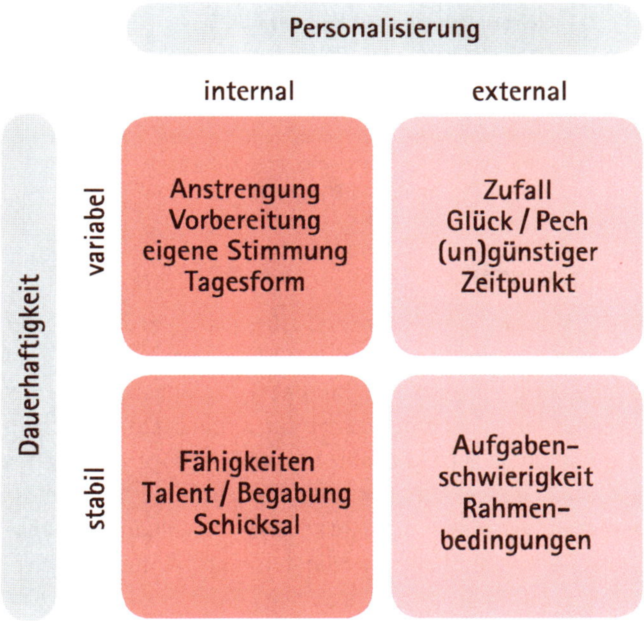

Personalisierung

internal | external

Dauerhaftigkeit

variabel

Anstrengung Vorbereitung eigene Stimmung Tagesform	**Zufall Glück / Pech (un)günstiger Zeitpunkt**

stabil

Fähigkeiten Talent / Begabung Schicksal	**Aufgaben- schwierigkeit Rahmen- bedingungen**

Erklärungsmuster von Erfolgen und Misserfolgen

Beispiele

Ereignis: Prüfung bestanden

Erklärungsmuster des Optimisten: Ich war super vorbereitet. Ich lerne leicht und bin begabt. Ich lerne gerne, weil mich dieses Thema sehr interessiert.

Erklärungsmuster des Pessimisten: Alle anderen haben es auch geschafft. Ich hatte zufällig das richtige Thema gelernt. Ich hatte Glück und einen guten Tag. In den anderen Fächern werde ich nicht so viel Glück haben.

> **Ereignis: Prüfung nicht bestanden**
>
> **Erklärungsmuster des Optimisten:** Die Prüfung war extrem schwer. Ich hatte einen schlechten Tag. Dieses Fach ist nicht meine Stärke.
>
> **Erklärungsmuster des Pessimisten:** Das zeigt, dass ich nicht geeignet bin. Ich werde es auch beim nächsten Mal nicht schaffen. Ich bin ein Prüfungsversager.

Kohärenzsinn

Der Soziologe Aaron Antonovsky beschäftigte sich mit der Frage, was den Menschen psychisch gesund hält. Zum Schlüsselbegriff wurde für ihn dabei der Kohärenzsinn, der ebenfalls ein Erklärungsmuster für Optimismus bereithält. Nach Antonovsky ist Kohärenz ein „umfassendes, dauerhaftes und dynamisches Vertrauen, dass das Leben und seine Anforderungen verstehbar (comprehensive), handhabbar (manageable) und sinnerfüllt (meaningful) sind." Antonovsky vertritt die Meinung, dass es sich beim Kohärenzsinn um eine globale Orientierung handelt. Es geht dabei um die allgemeine Sicht eines Menschen, die Welt zu betrachten, sich ihr zu nähern und ihre Anforderungen zu bewältigen. Der Kohärenzsinn sorgt dafür, dass

- man ein umfassendes, überdauerndes und dynamisches Gefühl des Vertrauens besitzt,

- die eigene innere und äußere Umwelt als vorhersagbar empfunden wird und das mit großer Wahrscheinlichkeit,

- man darauf vertraut, dass die Dinge sich so entwickeln werden, wie man es vernünftigerweise erwarten kann.

(Antonovsky 1979, S. 123; Übers. v. Becker 1997, S. 10).

Eine solche Einstellung zum Leben wird als personale Bewältigungsressource betrachtet. Ausgeprägtes Kohärenzgefühl baut Optimismus auf, macht Menschen widerstandsfähiger gegenüber Stressoren und befähigt, Ressourcen zu mobilisieren, um mit Belastungen und traumatischen Erlebnissen besser zurechtzukommen. Je stärker der Kohärenzsinn entwickelt ist, desto mehr steigen:

- das Selbstwertgefühl,
- die Aktivität und Auseinandersetzung mit der Realität,
- die Bewältigungszuversicht, mit Anforderungen und Problemen fertig zu werden,
- das Vertrauen in die eigene Person (bzw. Intelligenz),
- die Überzeugung von der Sinnhaftigkeit des eigenen Handelns.

Ist das Glas halb voll oder halb leer?

Diese Fragestellung ist der Klassiker, wenn es gilt den Optimisten vom Pessimisten zu unterscheiden. Durch die alte, psychologisch-philosophische Streitfrage: Ist das Glas halb voll oder halb leer? lässt sich die Perspektive pessimistischer bzw. optimistischer Grundhaltung gut zeigen, denn: Es kommt immer auch auf den Standpunkt des Betrachters an. Für den Pessimisten ist das Glas halb leer und fertig. Für den

Optimisten ist es eher halb voll. Doch die Antwortmöglichkeiten sind weit komplexer und vielfältiger, als es zunächst scheint – die gesamte Bandbreite lautet:

- Neutrale Betrachtung: Das Glas ist zugleich halb voll und halb leer, der Inhalt des Gefäßes beträgt 50 %.
- Negative Betrachtung: Das Glas ist halb leer.
- Positive Betrachtung: Das Glas ist halb voll.
- Weitere Möglichkeit: Das Glas ist doppelt so groß, wie es sein müsste.

Die bewusste Suche nach allen Aspekten einer Situation gehört wesentlich zu einer optimistischen Lebenseinstellung. Optimisten zeichnet eine kreative Denkweise aus: Weshalb sollten Gegebenheiten ausschließlich von der defizitären Seite betrachtet werden, wenn es noch weitere Möglichkeiten gibt? Die folgende Geschichte zeigt einen neutralen, nicht urteilenden Standpunkt. Sie illustriert, dass man es selbst in der Hand hat, wie man ein Ereignis bewertet oder ob man vorschnell urteilt. Im Falle einer schnell festgelegten Bewertung einer Situation ist man nicht mehr frei, weitere Aspekte zu erkennen.

Beispiel: Eine Geschichte aus China

 Ein alter Mann lebte zur Zeit Lao Tses in einem kleinen Dorf. Er war arm, doch selbst Könige beneideten ihn, denn er besaß ein weißes Pferd, wie es weit und breit nicht zu finden war. Sie boten ihm viel Geld für das Pferd, aber der Mann wollte sein Pferd nicht hergeben. Eines Morgens jedoch stand sein Pferd nicht mehr im Stall. Das ganze Dorf versammelte sich, und die Leute sagten: „Du dummer alter Mann! Wir haben immer gewusst, dass das Pferd eines Tages gestohlen würde. Es wäre besser gewesen, du hättest es verkauft. Was für ein Unglück!"

Der alte Mann sagte: „Geht nicht so weit, das zu sagen. Sagt einfach: Das Pferd ist nicht im Stall. Denn das ist die Tatsache; alles andere ist Urteil. Ob es ein Unglück ist, oder ein Segen, weiß ich nicht, weil dies ja nur ein Bruchstück ist. Wer weiß, was daraus folgen wird?" Die Leute lachten den Alten aus und hielten ihn für ein bisschen verrückt. Doch nach fünfzehn Tagen kehrte das Pferd zurück. Es war nicht gestohlen worden, sondern in die Wildnis ausgebrochen. Und es brachte dazu noch sechs wilde Pferde mit.

Wieder versammelten sich die Leute, und sie sagten: „Alter Mann, du hattest Recht. Es war kein Unglück, es hat sich tatsächlich als ein Segen erwiesen." Der Alte entgegnete: „Wieder geht ihr zu weit. Sagt einfach: Das Pferd ist zurück. Wer weiß, ob das ein Segen ist oder nicht? Ihr lest nur ein einziges Wort in einem Satz – wie könnt ihr das ganze Buch beurteilen?" Die Leute dachten, dass es der Alte mit seiner Ansicht übertrieb. Schließlich hatte er sechs prächtige Pferde dazu bekommen, als alles verloren schien.

Der alte Mann hatte einen Sohn. Dieser versuchte die Wildpferde zu zähmen. Eine Woche später fiel er dabei unglücklich vom Pferd und brach sich beide Beine. Wieder versammelten sich die Leute und sagten: „Du hattest wieder Recht! Es war ein Unglück! Dein einziger Sohn kann nun seine Beine nicht mehr gebrauchen und er war die einzige Stütze deines Alters. Jetzt bist du ärmer als je zuvor." Doch der Alte antwortete: „Ihr seid besessen vom Urteilen. Geht nicht so weit. Sagt nur, dass mein Sohn sich die Beine gebrochen hat. Niemand weiß, ob das ein Unglück oder ein Segen ist. Das Leben kommt in Fragmenten, und mehr bekommt ihr nie zu sehen."

Es begab sich, dass das Land kurz darauf von einem Krieg überschattet wurde. Alle jungen Männer des Ortes wurden eingezogen. Nur der Sohn des alten Mannes blieb zurück, weil er verkrüppelt war. Der ganze Ort war von Klagen erfüllt, weil dieser Krieg nicht zu gewinnen war. Man wusste, dass die meisten der jungen Männer nicht zurückkehren würden. Sie kamen zu dem alten Mann und sagten: „Du hattest Recht, alter Mann – es hat sich als Segen erwiesen. Dein Sohn ist zwar verkrüppelt, aber immerhin ist er noch bei dir. Unsere Söhne sind nun für immer fort."

Der alte Mann antwortete wieder: „Ihr hört nicht auf zu urteilen. Niemand weiß, wozu die Tat letztlich dient! Man kann nur dies sagen: Eure Söhne sind in die Armee eingezogen worden und mein Sohn nicht. Doch nur wer alles überblickt, kann wissen, ob dies ein Segen oder ein Unglück ist. Urteilt nicht, das lässt die Sinne erstarren. Das Einzige, was wir wissen, ist, dass die Wege des Lebens unendlich sind. Ein Weg kommt an sein Ende, ein anderer Weg hat gerade erst angefangen. Eine Tür schließt sich, eine andere tut sich auf. Man erreicht die Bergspitze, doch es findet sich eine höhere Spitze anderswo. Das Leben ist eine Reise. Was hinter einer Wegbiegung wartet, wissen nur diejenigen, die weitergehen."

Selbstwirksamkeit oder was Sie sich zutrauen

Neben dem positiven Attributionsstil (Ursachen für Ereignisse erkennen und erklären) zeichnet Optimisten eine weitere Haltung aus: Sie haben eine hohe Selbstwirksamkeitserwartung. Selbstwirksamkeit ist die Überzeugung, Herausforderungen gewachsen zu sein, auf eine Situation gezielt Einfluss nehmen zu können und über genügend eigene Fähigkeiten zu verfügen, um ein angestrebtes Ziel erreichen zu können. Abhängig davon, ob man diese Selbstwirksamkeit hoch oder niedrig einschätzt, ändern sich die Wahrnehmung der Lebensumstände, die Motivation und die Leistung auf vielerlei Weise. Hintergrund für diese Definition ist die Theorie des Psychologen Albert Bandura von der Stanford Universität.

Unser Denken und Handeln wird bestimmt von persönlichen Überzeugungen. Ist man sich sicher, eine Krise erfolgreich meistern zu können, erhöht dies die Wahrscheinlichkeit, tatsächlich Erfolg zu haben, selbst wenn der optimistische Glaube nicht mit den objektiven Fähigkeiten übereinstimmt. Positive Einstellungen fördern also die Motivation, neue und schwierige Ziele anzugehen und dabei Anstrengung und Ausdauer zu zeigen. Negative Einstellungen lassen Menschen dagegen initiativlos werden oder veranlassen sie, vorzeitig aufzugeben: Wer erwartet, dass er ohnehin nichts ausrichten kann, wird erst gar nicht versuchen, etwas ändern zu wollen.

Mit optimistischem Denken verhindert man die düstere Erwartungshaltung auf zukünftige Vorhaben nach dem Motto: „Ich weiß jetzt schon, dass es nichts wird." Zuversichtlicher lebt es sich mit dem Gedanken: „Ich weiß (noch) nicht wie, aber ich werde es schaffen." Damit kann man Chancen, die sich bieten, leichter erkennen anstatt in Schwarzmalerei zu verharren. Optimismus ist eine Lebensauffassung mit einer lebensbejahenden Grundhaltung. Man wird damit lockerer, offener, kraftvoller.

> Wir konstruieren durch unsere Einstellung unsere Zukunft. Deshalb ist der Optimismus die einzige Kraft, die unseren Alltag in Zukunft aufblühen lassen kann.

Wenn die Überzeugung fehlt

Überzeugte Pessimisten hoffen mehr als sie agieren. Sie wagen und probieren daher zu wenig aus und sind wenig eigeninitiativ, weil sie sich den Frust des Scheiterns ersparen wollen. Sie erwarten häufig, dass alles Gute von Oben kommt. Sie warten und hoffen, anstatt zu handeln. Aus dieser Passivhaltung entstehen keine positiven Erfolgserlebnisse. Fehlende Erfolge wertet der Pessimist wiederum als Beweis, dass „bei ihm sowieso nichts klappt" und fühlt sich in seiner Rolle bestätigt. Pessimisten leben so in der Überzeugung, dass sie keine Macht und Kontrolle über Ereignisse haben. Und weil sie glauben, nichts ändern zu können, erstarren sie in Passivität und leiden stetig vor sich hin. Sie fühlen sich als Opfer und machen andere für ihr Schicksal verantwortlich. Das Glück der anderen erscheint dabei höchst ungerecht.

> Wer hofft, anstatt zu handeln, lebt in einer Illusion eines irgendwann eintretenden Ereignisses, das die Gegenwart verdrängt.

Selbstwirksamkeit steigern

Empirische Befunde belegen, dass die Erfahrung von Selbstwirksamkeit wiederum Motivation, Leistungshandeln und Lebensbewältigung fördert. Das heißt, wer Erfolge erlebt, steigert sukzessive seine Selbstwirksamkeit. Das wichtigste Prinzip ist also, Erfolgserlebnisse herbeizuführen, indem wir uns überprüfbare und realistische Ziele setzen. Außerdem motivieren solche Ziele und unterstützen die Selbstbewertung.

Der Psychologe August Flammer (1990) definierte aufgrund dieser Erkenntnisse die folgenden fünf Rahmenbedingungen für die Steigerung der Selbstwirksamkeit:

Leitfaden: So steigern Sie Ihre Selbstwirksamkeit

1 Sie haben ein bestimmtes Ziel.

2 Sie akzeptieren dieses Ziel für sich als aktuelles Ziel.

3 Sie kennen einen Weg, über den das Ziel erreichbar ist.

4 Sie können diesen Weg selbst gehen (und wissen dies auch).

5 Sie gehen diesen Weg tatsächlich.

Die Erfahrung der eigenen Wirksamkeit ist also immer bezogen auf ein bestimmtes, eigenes Ziel und abhängig davon, ob man eigene Mittel und Wege zur Zielerreichung findet. Immer mehr Optimismus entsteht dann, wenn man glaubt oder weiß, diese Mittel selbst zu besitzen, sie einsetzen und den Weg eigenständig gehen zu können. Das Wissen, etwas schaffen zu können, erlangt man, indem man Erfolge auf eigene Stärken zurückführt. An dieser Haltung kann man arbeiten.

Auf einen Blick: Optimismus – eine Haltung

- Menschen mit einer optimistischen Lebenseinstellung verallgemeinern negative Erlebnisse nicht und übertragen Misserfolge nicht auf andere Lebensbereiche (Geltungsbereich).

- Optimisten lassen sich von Schicksalsschlägen im Leben nicht aus der Bahn werfen, sind sich sicher, dass ein momentaner Durchhänger sich auch wieder zum Guten wenden wird (Dauerhaftigkeit).

- Optimisten trauen sich etwas zu und glauben an ihre Fähigkeiten, ihren Erfolg und ihre Zukunft (Selbstwirksamkeitserwartung).

- Optimisten verharren nicht in einer passiven Opferrolle, sondern handeln (Aktivität).

- Optimisten entwickeln eigene, realistische Ziele (Zielklarheit).

- Optimisten sind überzeugt, immer Lösungen zu finden und ihre Ziele zu erreichen (Leistungsfähigkeit).

Warum Optimismus glücklicher macht

Optimismus wirkt sich positiv auf Geist und Körper aus. Zuversicht und Lebensbejahung machen nicht nur glücklicher, sondern auch gesünder.

In diesem Kapitel lesen Sie, warum

- Optimismus länger fit hält und vor Krankheit schützt (ab S. 26),
- Optimisten anziehender wirken und erfolgreicher sind (ab S. 30),
- Optimisten Krisen besser bewältigen und wie sie das schaffen (ab S. 34),
- übertriebener Optimismus schaden und Pessimismus manchmal nützen kann (ab S. 43).

Gesund und fit durch Optimismus

Welche Auswirkungen hat eine optimistische Lebenseinstellung auf Geist und Körper? Gibt es überhaupt messbare Zusammenhänge zwischen optimistischer Lebenseinstellung und Gesundheit? Die Antwort lautet: Ja. Wer mit Zuversicht in die Zukunft schaut, ist glücklicher, wird seltener krank und häufig auch älter als die Schwarzmaler.

Körperlich und geistig leistungsfähig

Wissenschaftler der Mayo Clinic, USA, fanden heraus: Eine positive Lebenssicht hält nicht nur gesund, sie steigert sogar die Lebenserwartung. Wie die Forscher auch feststellten, können Optimisten besser mit Stress umgehen und sind weniger depressionsgefährdet. Schutzfaktoren gegen Krankheit sind nachgewiesenermaßen:

- ein gutes Selbstwertgefühl,
- Hilfe und Unterstützung durch soziales Netzwerk,
- eine ausreichende materielle Lebensgrundlage.

Wer optimistisch eingestellt ist, baut diese drei Schutzfaktoren leichter auf und kann sie besser aufrechterhalten. Aufgrund ihrer Lebensfreude und psychischen Stabilität sind Optimisten beliebt. Dadurch haben sie es leichter, soziale Kontakte zu knüpfen. Das soziale Netz unterstützt wiederum in schweren Zeiten. Auch dass Optimismus einen gewissen Einfluss auf die Leistungsfähigkeit und damit auf beruflichen Erfolg hat, ist nachgewiesen (siehe S. 31 „Erfolg durch Optimismus").

Beispiel

 Ein beeindruckendes Ergebnis lieferte eine Studie zu Genesungs-
zeiten nach Krankheiten. Hier wurden optimistische mit pessimistischen Männern nach einer Bypass-Operation verglichen.

Die Optimisten hatten bereits während der Operation bessere
physiologische Messwerte. Nach eigenem Empfinden hatten sie
sich nach einer Woche deutlich erholt und konnten ihr Bett
verlassen. Nach einem halben Jahr verlief ihr Leben wieder
normal, sie arbeiteten vorwiegend in Vollzeit und waren in der
Freizeit sportlich aktiv.

Die pessimistisch gestimmte Vergleichsgruppe hatte langfristig
gesehen vorwiegend Teilzeitstellen, wenig Freizeitaktivitäten
und signifikant unter Schmerzen und Schlafstörungen zu leiden.

Länger fit im Alter

Auch im Alter scheint Optimismus hilfreich zu sein: Forscher
der Universität Texas begleiteten Menschen ab dem Alter von
65 Jahren. Die optimistischen Rentner bauten mit zuneh-
mendem Alter weniger schnell geistig ab als ihre pessimistischen Altersgenossen. Vermutung der Experten: Gute Laune
hat offensichtlich Auswirkungen auf den Hormonspiegel,
dieser wiederum hält das Gehirn jung.

Es gibt eine ganze Reihe weiterer Studien, die auf diesen
signifikanten Zusammenhang hindeuten. So haben Forscher
der Miami University in Ohio festgestellt, dass ältere Bürger
der Stadt Oxford in Ohio mit einer positiven Lebenseinstellung im Schnitt sogar 7,5 Jahre länger lebten als ihre pessimistischen Mitbürger.

Schutz vor Krankheit

Optimistisches Denken schützt vor Krankheit, vor allem vor Herz-Kreislauf-Erkrankungen. Das konnte in einer Studie der Universität Rostock bewiesen werden. Dabei war es völlig irrelevant, ob die positive Beurteilung der eigenen Gesundheit medizinisch begründet war oder nicht. Auch für tatsächlich weniger gesunde Testpersonen galt: Wer sich selbst als gesund einschätzte, hatte im Vergleich zu den Testpersonen, die sich um ihr Wohlergehen große Sorgen machten, ein deutlich vermindertes Herzinfarkt- und Schlaganfallrisiko.

In Tel Aviv fanden Wissenschaftler der Ben-Gurion-Universität heraus, dass Frauen mit einer positiven Lebenseinstellung ein um 25 Prozent niedrigeres Risiko haben, an Brustkrebs zu erkranken. Die optimistischen Frauen waren nicht nur generell gesünder, sie hatten in der Regel auch einen positiveren Schwangerschaftsverlauf. Fehlender Optimismus ist einer amerikanischen Studie zufolge, ein ebenso großer Risikofaktor in der Schwangerschaft, wie andere medizinische Probleme.

Klinische Studien konnten nachweisen, dass Sinnesorgane positiv eingestellter und ausgeglichener Menschen besser funktionieren. Sie verfügen deshalb über eine bessere Merkfähigkeit. Dies hat Auswirkungen auf Kreativität und Ideenfindung, führt zu vielfältigeren Problemlösestrategien, was seinerseits Stress reduziert und wiederum gesünder hält.

Der Zusammenhang zwischen optimistischen Einstellung und der Entwicklung von Krankheit ist eindeutig nachweisbar.

Positives Denken und Immunabwehr

Ebenso wurde der Zusammenhang zwischen positivem Denken und guter Immunabwehr in zahlreichen Untersuchungen belegt. Die Ergebnisse zeigten, dass positive Gefühle offenbar eine Vermittlerrolle übernehmen und den linken präfrontalen Kortex aktivieren, was mit guter Immunabwehr einhergeht. Negative Emotionen hingegen aktivieren den rechten präfrontalen Kortex, was mit schlechter Immunabwehr verbunden ist. Die Ergebnisse unterstützen die Hypothese, dass Pessimisten aufgrund ihrer schlechteren Immunabwehr einem stärkeren Gesundheitsrisiko ausgesetzt sind als Optimisten.

Zuversicht lindert Schmerzen

Wie stark der Mensch einen Schmerzreiz empfindet, hängt zum einen davon ab, was er tatsächlich spürt, zum anderen aber auch von seiner Erwartung. Die Wirkung von Schmerzen ist eng an die für die Erwartung von Schmerzen zuständige Hirnregion gekoppelt. Man weiß, dass Menschen, die keinen schlimmen Schmerz erwarten, tatsächlich weniger leiden und umgekehrt. Optimisten haben also eine geringere Aktivität sowohl in dem für die Erwartung von Schmerz, als auch in dem für die Verarbeitung eines Schmerzreizes zuständigen Hirnareal. Mit diesen Resultaten lässt sich teilweise erklären, weshalb Optimismus einen positiven Einfluss auf den Zustand von kranken Menschen hat.

Optimisten wirken anziehend

Mit Menschen, die lebensfroh, aktiv und erfolgreich sind, umgeben wir uns gern. Optimistische Menschen werden von anderen als attraktiver wahrgenommen, sind häufiger verheiratet oder leben in stabileren Partnerschaften. Die Fähigkeit von Optimisten, nach vorn zu blicken, motiviert auch ihr Umfeld und macht sie zu beliebten Arbeitskollegen. Durch ihre „Coolness" im Umgang mit Stress gelingt es ihnen auch besser als anderen, in hitzigen Debatten zu schlichten.

Daneben motivieren sie sich hervorragend selbst: Optimisten halten an ihrem Ziel unbeirrt fest und lassen sich nicht abbringen. Sie sind häufig produktiver und effektiver als andere und ziehen Kollegen durch ihr beispielhaftes Vorleben oft mit.

Optimismus steckt an

Optimisten sind beliebt, denn Optimismus steckt an und springt auf andere Menschen über. Eine Erklärung dafür liefert unser Gehirn. Das limbische System – als emotionales Zentrum des Gehirns – ist ein offenes System, dessen Regulierung weitgehend von externen Faktoren abhängt. So kann eine Mutter die Emotionen ihres weinenden Kindes beeinflussen, indem sie tröstet und beruhigt. Dramatische Szenen in Kino und Oper stecken an und rühren zu Tränen. Eigene emotionale Stabilität hängt also immer auch von der Verbindung und Rückkopplung zu anderen Menschen ab, z. B. Partner, Familie, Freundeskreis etc.

Man weiß, dass sogenannte offene Schleifen des limbischen Systems Signale von einer Person auf eine andere übertragen, die deren Hormonproduktion, Herz-Kreislauf-Funktion, Schlafrhythmus und sogar das Immunsystem verändern. Dieser Vorgang der offenen Emotionsübertragung ist nicht bewusst wahrzunehmen, kann jedoch durch moderne Verfahren nachgewiesen werden.

Physiologie und Körpersprache zweier Menschen, die ein gutes Gespräch miteinander führen, gleichen sich nach einiger Zeit an. Man nennt dieses Phänomen „Spiegelung". Sogar bei ausschließlich nonverbalem Kontakt breiten sich Emotionen zwischen Menschen aus. Das kann so weit gehen, dass zwei Personen nach einer gewissen Zeit identische Blutdruckwerte aufweisen. Diese eindrucksvollen zwischenmenschlichen Phänomene erklären, weshalb man sich lieber mit Optimisten als mit Schwarzmalern umgibt. Wer lässt sich schon gerne vom „Blues" anstecken?

Erfolgreich durch Optimismus

Wenn Menschen in einem Team zusammenarbeiten, übernehmen auch sie Gefühle voneinander. Diese wirken sich sowohl in materieller Hinsicht, beispielsweise auf Geschäftsergebnisse und Produktivität aus, als auch in immaterieller Hinsicht z. B. auf Arbeitsmoral, Mitarbeiterfluktuation, Motivation und Engagement der Mitarbeiter. Die Stimmungen sind dabei umso einheitlicher, je stärker der Zusammenhalt der Gruppe ist (Goleman et al., 2002).

Verständlich also, dass sich jeder gerne mit Optimisten umgibt und diese in jedem Team gern gesehen sind: Der Optimist findet 100 gute Gründe, gut drauf zu sein, hat Erfolg und motiviert andere damit. Zudem haben Optimisten das Recht, aufgrund ihres beispielhaften Vorlebens, ein positiv-aktives Verhalten auch von anderen einzufordern, was ein Team insgesamt fördert und erfolgreicher macht.

Besser führen

Daniel Goleman weist darauf hin, dass bereits Stammeshäuptlinge und Schamanen ihren Spitzenplatz aus dem Grund einnahmen, „weil ihre Führung emotional überzeugend war". Der Anführer jeder Gruppe hatte die Macht, die Emotionen der anderen zu lenken. Das hat sich bis heute nicht geändert: Es gelingt optimistischen und enthusiastischen Vorgesetzten viel leichter, ihre Mitarbeiter zu halten und zu begeistern.

Hinzu kommt, dass Mitglieder einer Gruppe eine unterstützende emotionale Bindung zu ihrem Anführer suchen. Schaffen es diese, die Emotionen der Geführten in eine positive Richtung zu lenken, bringen sie ihre Mitarbeiter zu Höchstleistungen. Fühlen sich Mitarbeiter gut dabei, hebt das die positive Stimmung, die Kreativität, Entscheidungskompetenz und ihre Hilfsbereitschaft. Die Fähigkeit einer Führungskraft, ein Team in eine optimistische, kooperative Stimmung zu versetzen, entscheidet somit zentral über den Erfolg deren Arbeit.

Beispiel

Ist das Arbeitsklima im Servicebereich wie z. B. einer Kunden-
betreuung oder Hotline schlecht, kommt die Quittung postwen-
dend ins Unternehmen zurück. Haben Kundenbetreuer schlechte
Laune, weil sie genervt von Kollegen oder Vorgesetzten sind,
sind sofort auch die Kunden unzufrieden oder verärgert. Selbst
dann, wenn die Dienstleistung an sich von guter Qualität ist.

Positiv gestimmte Kundenbetreuer mit guter Laune bewirken,
dass zufriedene Kunden wiederkommen und die Firma empfeh-
len. Selbstverständlich gilt das Gleiche für alle anderen Abtei-
lungen und Unternehmen. Auch ein „interner Kunde" freut sich
über ein Lächeln, Entgegenkommen und optimistische Unterstützung und wird dies an sein Umfeld weitergeben.

Optimismus fördert die Leistung

Es gibt eine Vielzahl von Studien, die über die positiven Effekte von Optimismus auf Leistung und Erfolg z. B. in Beruf,
Schule oder Sport hinweisen (z. B. Peterson, 2000). Haupt-
sächlich entstehen diese Effekte dadurch, dass Optimisten
dazu neigen, Erfolge ihren Fähigkeiten, also sich selbst zuschreiben (internale Attribuierung), während sie für Misserfolge eher äußere Umstände verantwortlich machen (externale Attribuierung; siehe S. 15). Die Erfolgsgefühle führen zu
einer höheren Selbstwirksamkeitserwartung – man traut sich
mehr zu, nimmt mehr in Angriff und leistet mehr. Eine Posi-
tivspirale entsteht und wird aktiv aufrechterhalten.

Beispiel

Ein optimistisch eingestellter Sportler führt erfolgreiche Ergebnisse auf seinen guten Trainings- und / oder Mentalzustand zu.
Erreicht er ein schlechtes Ergebnis, sucht er die Gründe eher in

äußeren Gegebenheiten (externale Attribuierung), z. B. schlechtem Wetter, unzulänglichem Materialzustand etc. Optimistische Sportler gehen mit negativem Feedback entspannter um und schneiden bei der nächsten Herausforderung besser ab als Pessimisten.

Ein pessimistischer Sportler begründet seinen Misserfolg mit seinen ungenügenden Fähigkeiten oder seinem schlechten Trainingszustand. Er sucht und findet die „Schuld" ausnahmslos bei sich (internale Attribuierung), was ihn zusätzlich frustriert.

Flexibel und aktiv durch Krisen

Optimisten verhalten sich allgemein und auch in Krisensituationen flexibler als Pessimisten. Sie passen ihre konkreten Erwartungen situativ den Gegebenheiten an. Dadurch können sie auf Unabwägbarkeiten und Veränderungen frühzeitig reagieren, ohne ihr Ziel aufzugeben.

Krise: Rückschlag oder Chance?

Krisen bringen immer problematische Entscheidungssituationen mit sich. Das Wort „Krise" geht zurück auf das griechische Wort „krisis", das Wendepunkt bedeutet. Die chinesischen Schriftzeichen für Krise „wie-ji" setzen sich aus den Symbolen für „Gefahr" und „gute Gelegenheit" zusammen. Tatsächlich sind Krisen wohl beides. Sie entstehen durch Verluste wie Tod oder Trennung, aber auch durch Krankheit, Alter und andere körperliche Veränderungen, z. B. Pubertät, sowie durch Enttäuschungen, finanzielle Schräglagen oder Arbeitsplatzverlust.

Die Bewältigungsstrategien des Optimisten

Menschen mit optimistischer Einstellung verfügen aufgrund der ab S. 13 dargestellten Attributionsstile in Krisen- und Stresssituationen über bessere Bewältigungsstrategien. Dadurch erhalten sie sich mehr Energie und Nervenstärke. Selbstverständlich leiden und zweifeln auch Optimisten, empfinden auch sie Wut, Verzweiflung oder Trauer. Die Zeit jedoch, die Optimisten für die Bewältigung von Krisen benötigen, ist wesentlich kürzer. Sie erholen sich schneller und zerbrechen nicht psychisch an einem schlimmen Erlebnis.

Hinzu kommt ein pragmatischer Umgang mit Informationen: Optimisten nehmen zwar vor oder während einer Krise die gleichen Stressoren wie Pessimisten wahr, wählen aber dann spezifischere Handlungsmöglichkeiten. Sie verlassen sich nicht auf Hoffen, Glauben oder Schicksal, sondern arbeiten aktiv gegen Missstände an, weshalb es zu weniger Krisen kommt. Sie haben die Fähigkeit, nach dem ersten Schock auch das Positive der Situation zu erkennen und glauben daran, dass in jeder Krise eine Chance steckt.

Beispiel

 Klaus S. ist 52 Jahre alt und arbeitet seit 30 Jahren als Servicetechniker in einer Firma. Nun wurde seine Firma verkauft und ein Viertel der Mitarbeiter entlassen – darunter er. Die Situation ist schwierig: Sein Haus ist nicht abbezahlt, seine erwachsenen Töchter sind beide noch in Ausbildung, seine Frau kann nach einer Krankheit nur noch wenige Stunden wöchentlich arbeiten. Mit über 50 ist es nicht einfach, eine neue Stelle zu finden, in Zeiten einer Wirtschaftskrise noch weniger. Klaus S. und seine Familie stehen unter Schock.

Sie lassen Ängsten und Tränen zunächst freien Lauf, dann krempelt Klaus S. die Ärmel hoch. Er war in den letzten Monaten ohnehin nicht mehr glücklich im alten Job – der Konkurrenzdruck hatte unmenschliche Ausmaße angenommen. Noch einmal ein Neuanfang, diese Vorstellung übt auch einen großen Reiz auf ihn aus. Er schreibt zahlreiche Bewerbungen und erhält nur Absagen. Da fängt er an, allen Bekannten seine Situation zu schildern, bis einer ihm von einer Firma in der Nähe erzählt, die jemanden sucht. Herr S. ruft noch am selben Tag dort an und vereinbart einen Gesprächstermin. Vier Wochen später beginnt er voller Elan seinen neuen Job in einem menschlicheren, teamorientierten Umfeld.

Man kann sich ausmalen, was passiert wäre, wenn Klaus S. davon ausgegangen wäre, dass in seiner Situation ohnehin nichts zu machen sei. Er hätte jede Absage als Bestätigung genommen, dass er keine Chance mehr hat, und irgendwann ganz aufgehört zu handeln.

Checkliste: So bewältigen Optimisten Krisen

- Optimisten fühlen sich als eigenständig handelnde Person, nicht als Opfer der Umstände. Dadurch erlangen sie die Fähigkeit, schneller wieder Mut zu fassen und aktiv zu werden.

- Sie sehen Zeiten der Verzweiflung ebenso als Phasen im Leben an wie gute Zeiten.

- Sie akzeptieren Gegebenheiten, suchen nach Lösungen und Alternativen.

- Sie setzen sich gegen unvermeidliche Veränderungen nicht zur Wehr, sondern integrieren diese in ihr Leben.

- Sie machen die Erfahrung, dass sie Krisen heil überstehen können. Das beruhigt und stimmt zuversichtlich.

- Sie nehmen bewusst wahr, dass sie einen Rückschlag bewältigt haben und sich auf die eigenen Kräfte und Fähigkeiten verlassen können. Das stärkt.

Optimismus und Frustrationstoleranz

Jeder Tag bringt Situationen mit sich, die man je nach Veranlagung als mehr oder weniger belastend empfindet: Der Wagen springt nicht an, ein Projekt geht schief, es treten unerwartete Störungen auf. Je besser die Frustrationstoleranz entwickelt ist, desto leichter gelingt es, optimistisch zu bleiben. Frust, Probleme und Rückschläge lassen sich einerseits besser aushalten, wenn man konstruktiv mit ihnen umgeht. Andererseits entsteht durch das positive Erleben, sich von den Schwierigkeiten nicht aus dem Gleis werfen zu lassen, wiederum mehr Optimismus. Somit befruchten sich hohe Frustrationstoleranz und optimistische Haltung gegenseitig und stärken die Persönlichkeit in schwierigen Situationen. Man wird trotz Schwierigkeiten weitermachen und bringt Einsatz und Disziplin auf, um durchzuhalten. Wer über hohe Frustrationstoleranz verfügt, hat eine bodenständige Erwartungshaltung und weiß:

- Jedes Ziel hat einen Preis.

- Niemand sagt, dass es leicht ist, ein Ziel zu erreichen.

- Die Zielerreichung kann phasenweise unangenehm sein.

Wer das Auftreten von Misserfolgen und Hürden von vornherein realistisch mit ins Kalkül zieht, erlebt weniger Enttäuschungen. Er macht trotz Unannehmlichkeit das, was getan werden muss, verfolgt hartnäckig sein Ziel und lässt sich nicht davon abbringen. Ein realistisch-optimistischer Mensch weiß, dass manches, was er anpackt, misslingt. Er weiß, dass unschöne Situationen sowie Scheitern zum Leben gehören. Er akzeptiert diese Realität und setzt sich mit ihr auseinander.

Machen uns Rückschläge pessimistisch?

Eine verbreitete Meinung ist, dass Menschen zu Pessimisten werden, wenn sie allzu viele Niederlagen, Rückschläge und persönliche Katastrophen erleben mussten. Tatsächlich sind es weder die Menge noch die Schwere der erlebten Schicksalsschläge, die Menschen pessimistisch oder depressiv werden lassen. Optimisten erleben ebenso viele Niederlagen und Tragödien wie Pessimisten, sie bewältigen diese aber besser. Genau genommen erleben Optimisten unterm Strich häufig mehr Misserfolge, weil sie bei Rückschlägen nicht sofort aufgeben. Sie verbuchen aber auch mehr Erfolge. Das liegt zum einen daran, dass sie „dran geblieben sind", zum anderen interpretieren sie manche Situationen nicht als Misserfolge, wie es ein Pessimist vielleicht tun würde.

Der entscheidende Unterschied liegt also nicht in den Erfahrungen an sich, sondern in deren gedanklicher Bewertung, das heißt darin, auf welche Gründe jemand seine Erfolge und Misserfolge zurückführt und welche Erwartungen er infolgedessen an die Zukunft hat.

Beispiel

 Ihr Chef kündigt ein neues, spannendes Projekt an, das demnächst starten soll. Sie möchten im Projektteam mitarbeiten und sprechen Ihren Chef darauf an. Er lehnt ab.

Die Ablehnung können Sie nun optimistisch oder pessimistisch bewerten:

Pessimistische Betrachtung: „Er will mich nicht dabei haben, weil er es mir nicht zutraut. Ich bin schlechter als die anderen." Die Ablehnung wird auf die eigene Person und auf sich selbst zugeschriebene Kompetenzdefizite bezogen. Sie wird gefühlsmäßig als ein harter Schlag empfunden, den man erst einmal verdauen muss.

Optimistische Betrachtung: „Wahrscheinlich will er im täglichen Ablauf nicht auf meine Unterstützung verzichten und stellt mich deshalb nicht frei. Ich akzeptiere das, will aber beim nächsten Projektteam dabei sein und arbeite gezielt darauf hin." Das Selbstbewusstsein wird nicht untergraben, weil man trotz Ablehnung von den eigenen Qualitäten überzeugt ist. Die Absage wird den Umständen zugeschrieben, das Ziel wird weiterhin verfolgt. Emotional ist man damit weniger beeinträchtigt.

Und wenn alles in Trümmern liegt?

Der Ursprung des Begriffes „scheitern" liegt in dem alten, aus der Schifffahrt stammenden Begriff „zu Scheitern werden": Ein Schiffsbug kann an einer Klippe in tausend Stücke aus Holz, Scheiter genannt, bersten. Das Zerschellen des Schiffes hieß „scheitern", was demnach so etwas wie „in Stücke gehen" oder „auseinanderbrechen" bedeutet. Auf das menschliche „Scheitern" übertragen, bedeutet dies: Eine geordnete Struktur wird zum Chaos, das Selbstverständliche wird in Frage gestellt. Das Ich und die Welt müssen neu zusammengesetzt und abgestimmt werden. Das ist die moderne Bedeutung des Begriffs: das Misslingen, die Erfahrung, etwas nicht erreicht oder geschafft zu haben und neu beginnen zu müssen. Neben dem Gefühl von Ausweglosigkeit, das nicht ausgeblendet werden darf, bleibt die optimistische Neujustierung. Darin steckt die Chance, es noch einmal und besser zu versuchen. Wer trotz Widrigkeiten aufsteht, hat schon die grundlegende Bedingung geschaffen, das Unglück zu überwinden, wer es gar nicht erst versucht, wird auf jeden Fall liegen bleiben. Optimistisch betrachtet kann man im Scheitern einen Zustand des Suchens, Sich-Findens oder Sich-Neu-Definierens entdecken. Darin liegt enorm viel Potential, wodurch das Scheitern immer auch zur Chance wird.

Stress und Angst

Eine optimistische Haltung hat, wie bereits erwähnt, positiven Einfluss auf Stresssituationen. Weil Optimisten offener sind, passen sie sich neuen Situationen besser an. Menschen, die optimistisch sind, berichten deshalb über weniger körperliche Stresssymptome in hektischen Zeiten. Sie erleben weniger Anspannung, Angst, Ärger und Müdigkeit. Dadurch erhalten sie sich zudem eine höhere Motivation, was letztendlich mehr Erfolge beschert.

Je pessimistischer jemand ist, umso bedrohlicher empfindet er bestimmte Ereignisse oder Veränderungen in seinem Lebensumfeld und desto mehr Bedenken baut er auf. Wer Angst hat, entwickelt unter Umständen immer mehr Angst, weil

sich sein körperliches und psychisches Warnsystem permanent aktiviert.

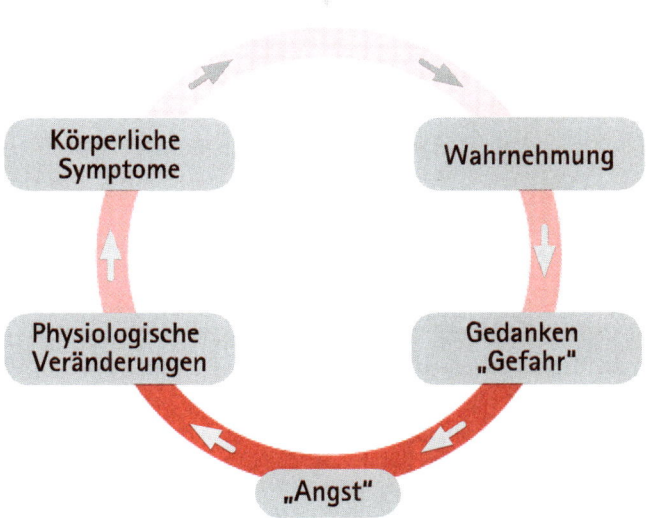

Der Angstkreislauf

Angst blockiert das Gehirn. Man kennt dies aus Situationen,
in denen man „vor lauter Angst (Sorgen / Stress), nicht mehr
denken kann." Alarmsituationen, zu denen Angst und Stress
zählen, aktivieren direkt und ohne Bewertung unserer Ratio,

die Amygdala, den Mandelkern in unserem Gehirn. Diese ist eine Art Wachposten für eintreffende Sinnesreize. Eine andere Hirnregion, der Neocortex, übernimmt die Rolle des Gefühlsmanagers, der den Informationsaustausch mit anderen Teilen des Gehirns reguliert. Oft stellt sich im Neocortex nach Überprüfung heraus, dass das Mandelkern-Warnsignal übertrieben war. So entpuppt sich ein Problem z. B. als halb so wild oder man hat sich unbegründete Sorgen gemacht. Dennoch wurden alle körperlichen Funktionen auf Alarm gestellt und sie sind als Stressreaktion direkt spür- und erlebbar.

Wird dies zum Dauerzustand, kann man sich anhand der Grafik auf S. 41 vorstellen, dass erstens der Körper in Dauerstress gerät und zweitens sich die Angst immer mehr steigert. Der Körper reagiert auf Angst mit Stress: Das Herz schlägt schneller, die Muskeln spannen sich an. Je stärker die Belastung, desto ausgeprägter die körperliche Reaktion und umgekehrt. Damit hat ein Angstkreislauf begonnen, der zum Selbstläufer werden kann.

Wer optimistisch denkt, vermeidet diesen Kreislauf, weil er ausgeglichener und entspannter ist. Er kann klare Gedanken fassen und bleibt problemlösefähiger. Sind Körper und Geist weitgehend stressfrei, erhält dies wiederum den Optimismus aufrecht.

Zu viel Optimismus kann schaden

Unter bestimmten Umständen kann Optimismus gefährlich werden. Umgekehrt kann eine gewisse Portion Pessimismus durchaus ihre Vorteile haben.

Unrealistischer Optimismus

Dass Optimismus, wie vieles andere auch, ein gesundes Maß braucht, konnten kürzlich Wissenschaftler der Duke University in Durham, North Carolina, aufzeigen: Manju Puri und David Robinson verglichen Daten von Optimisten und extremen Optimisten. Die beiden Experten konnten deutliche Unterschiede im Verhalten feststellen: In angemessenen Dosen kann Optimismus zu weisen Entscheidungen führen, berichten die Wissenschaftler, doch Übertreibung wirkt sich schädlich aus. Zum Beispiel tendierten extreme Optimisten stärker zum Rauchen. Vermutlich gehen sie davon aus, dass ihnen die Zigaretten weniger schaden als anderen, dass es ihnen kurzfristig gelingen wird, das Laster aufzugeben, wenn sie wollen. Ganz easy, selbstverständlich.

Zu viel Optimismus an falscher Stelle kann sogar tödlich sein: Die Worte „Hoffen wir das Beste" gehören sicherlich häufig zu den zuletzt gesprochenen … Autofahrer, Extremsportler, Bergsteiger, Elektriker oder Piloten erhöhen die eigene Lebenserwartung und die anderer Menschen deutlich, wenn sie Realitätssinn an den Tag legen. Wird einseitig die positive Sicht übertrieben, alles grob unterschätzt, spricht man von manischem oder unrealistischem Optimismus. Damit sind maßlose Optimisten gemeint, die vor lauter Sorglosigkeit in die Oberflächlichkeit abgleiten. Hierbei kommt oft das Thema Verantwortung, sowohl für sich als auch für andere, zu kurz.

> In diesem Buch geht es bewusst und ausschließlich um die Facetten des realitätsnahen Optimismus.

Manischer Optimismus kann zu trügerischen Ansichten führen: Dann neigt man z. B. dazu, Beziehungen überzustrapazieren oder Chancen auf einen Lottogewinn weit zu überschätzen. Unrealistische Optimisten neigen beispielsweise dazu, zu lange an Glücksspielen teilzunehmen, auch wenn sie verlieren. Oder sie glauben viel zu lange an einen Erfolg, bevor sie merken, dass sie besser abbrechen und sich anderen Dingen widmen sollten.

Beispiel

 Spielabhängigkeit bei Glücksspielen beginnt häufig mit einem kleineren Geldgewinn, der zu weiterem Glücksspiel Anreiz gibt. Verluste, die nicht ausbleiben, werden von unrealistischen Optimisten unkritisch ausgeblendet und der Spieler ist sicher, diese mit „verbesserten" Spieltechniken oder höheren Einsätzen wieder wettzumachen.

Die Wahrscheinlichkeit, z. B. beim Lotto mit Superzahl zu gewinnen, liegt bei rund 1:140 Millionen. Die Wahrscheinlichkeit, beim Absturz eines Flugzeuges zu sterben, liegt hingegen bei 1:3 Millionen! Die Zahlen verdeutlichen, dass selbst bei optimistischer Betrachtung die Chancen gering sind, im Lotto zu gewinnen.

Die gute Seite des Pessimismus

Fragt man Pessimisten, weshalb sie von ihrer negativen Denkweise so überzeugt sind, dann erhält man zwei Standardantworten:

- „Wenn ich vom Negativen ausgehe, kann ich nicht enttäuscht werden."
- „Ich erlebe keine bösen Überraschungen, weil ich auf das Schlimmste vorbereitet bin."

Tatsächlich ist es so, dass pessimistische Mitmenschen vorsichtiger sind und Gefahren leichter erkennen, weil sie darauf fokussiert sind. Sie neigen weniger dazu, sich zu überschätzen, was ein Vorteil sein kann. Auch in Geldangelegenheiten lassen Pessimisten oftmals mehr Umsicht walten. Sogar beim Thema „Enttäuschung" haben es Pessimisten in manchen Punkten leichter: Wer erst gar nicht mit einem Lottogewinn rechnet, wird nicht enttäuscht, wenn er nicht kommt. Wissenschaftler stellten zudem fest, dass Pessimisten im Alter weniger Depressionen bekommen als Optimisten, wenn sie nahe Verwandte oder Freunde verlieren. Sie sind offensichtlich jahrelang auf Verlust und Enttäuschung trainiert, das hilft in dem Fall.

Pessimismus ist also nicht ausschließlich schlecht. Ab und zu eine überschaubare Prise Pessimismus hilft, auf dem Boden der Tatsachen zu bleiben und Gefahren zu erkennen.

Auf einen Blick: Warum Optimismus glücklicher macht

- Positiv gestimmte Menschen sind gesünder und leben länger. Gute Laune beeinflusst den Hormonspiegel und stärkt die Immunabwehr. Optimisten haben eine geringere Schmerzerwartung und leiden deshalb weniger. Durch besseres Stress- und Angstmanagement reduzieren sich Herz - und Kreislaufprobleme.

- Optimisten haben eine positive Ausstrahlung und wirken auf ihre Umwelt anziehend. Sie verkaufen sich besser und sind beruflich und finanziell erfolgreicher, weil sie sich selbst und andere ihnen mehr zutrauen.

- Optimisten stellen sich leichter auf neue Situationen ein und probieren vielfältige und ungewöhnliche Wege aus, mit Problemen fertig zu werden. Sie sind überzeugt, eine Lösung zu finden und bewältigen schwierige Situationen schneller. Deshalb sind Optimisten psychisch stabiler und fühlen sich glücklicher.

- Klinische Studien zeigen, dass die Sinnesorgane positiv eingestellter und ausgeglichener Menschen besser funktionieren. Sie haben deshalb eine bessere Merkfähigkeit, sind kreativer und ideenreicher.

- Nur realistischer Optimismus macht glücklich. Wird der Optimismus übertrieben, entstehen Oberflächlichkeit und Selbstüberschätzung.

Was dem Optimismus im Wege steht

Sich im Lauf des Lebens ständig eine optimistische Sichtweise zu erhalten, ist nicht leicht. Manchmal schleichen sich Gewohnheiten ein, welche dem Optimismus im Wege stehen oder man wird von anderen Menschen und äußeren Gegebenheiten negativ beeinflusst. Solche Hemmnisse lassen sich jedoch überwinden.

In diesem Kapitel lesen Sie, wie

- Sie Vorurteile und Fehlurteile erkennen (ab S. 48),
- wir uns selbst hemmen und was wir dagegen tun können (ab S. 51),
- wir uns vor Horrormeldungen und Miesmachern schützen können (ab S. 58).

Vorurteile und Fehlurteile

Wir brauchen in unserem Alltagsleben Standards. Nicht jede Meinung, die wir einmal gebildet, jedes Urteil, das wir einmal gefällt haben, kann ständig neu in Frage gestellt werden – das wäre weder sinnvoll noch effizient. Daneben gibt es jedoch unreflektierte Vor- oder Fehlurteile, die uns daran hindern optimistisch zu denken. Hier lohnt es sich, genauer hinzusehen und manches vermeintlich fest Verankerte auf den Prüfstand zu stellen.

Prägungen aus Kindheit und Jugend

Jedes menschliche Verhalten ist ein Produkt aus Vererbung und Prägung durch die Umwelt. In der Phase der Primären Sozialisation, also den allerersten Lebensjahren, wenn sich das Leben in der Regel noch innerhalb der Familie abspielt, werden Grundzüge des späteren Verhaltens geprägt. Erfährt man Liebe, Geborgenheit sowie Regeln und wächst man in stabilen sozialen Verhältnissen auf, entwickelt man Zuversicht und seelische Stärke. Fehlen diese Komponenten, ist das häufig der Nährboden für Selbstzweifel und Skepsis.

Was die Entwicklung beeinflusst

Die menschliche Entwicklung vollzieht sich in einem lebenslangen Prozess mit inneren und äußeren Faktoren:

- Zu den inneren Einflüssen gehören z. B. Gene, Temperament, physiologische Prozesse, aber auch die Ergebnisse der bisherigen Entwicklung wie Persönlichkeitseigenschaften, Einstellungen, Motive, Ängste etc.
- Äußere Faktoren liegen in der Lebenswelt eines Menschen, umfassen Einflüsse der Umwelt, z. B. durch die Familie, Freunde, den Arbeitsplatz sowie Gesellschaft und Kultur.

Meine Eltern sind schuld

Wohl niemand hatte eine perfekte Kindheit ohne Hindernisse und Probleme. Es wäre aber zu einfach, sich resigniert zurückzulehnen, den Eltern die Schuld in die Schuhe zu schieben und sich mit seiner Lage abzufinden. Auch wenn die Kindheit prägenden Einfluss ausübt, bedeutet das nicht, dass man auf ewig Sklave früherer schlechter Erfahrungen ist. Wie käme es dann, dass Menschen trotz schwerer Kindheit ein mutiges, lebensfrohes und erfolgreiches Leben führen?

> Die Entwicklung und Reifung eines Menschen ist eine komplexe Wechselwirkung zwischen Genen, Umwelt, Prägung, interpretiertem Handeln und Selbsterziehung. Sie ist eine, von Beginn an und immerwährende, aktive Auseinandersetzung mit sich selbst und mit der Umwelt.

Die sich selbst erfüllende Prophezeiung

„50 Prozent der Wirtschaft sind Psychologie", sagte bereits der Wirtschaftswunderkanzler Ludwig Erhard. Diese These trifft nicht nur auf wirtschaftliche Zusammenhänge zu, sondern auch auf Handlungen und Erwartungen in unserem Leben. Wenn man die Krise fürchtet, kommt die Krise garantiert und umgekehrt. So, wie Menschen eine Situation für sich definieren, wird sie sich schließlich entwickeln. Das meint der Begriff der „sich selbst erfüllenden Prophezeiung".

Beispiel

Eine stabile finanzielle Struktur des Bankensystems basiert auf Vertrauen, Versprechen und selbstverständlichen Erwartungen. Beginnen die Kunden nun, an der Vertrauenswürdigkeit der Versprechungen zu zweifeln, definieren sie eine „gesicherte" Situation um. Und damit verändern sie sich tatsächlich.

Das System des Vertrauens bricht zusammen. Wenn genügend Kunden mit ihrem Köfferchen am Bankschalter erscheinen, um ihr Erspartes abzuheben, kippt auf einen Schlag die Situation. Die Bank geht pleite, weil zu viele Kunden Angst vor der Pleite der Bank haben – was ursprünglich gar kein Fakt war. Einen vergleichbaren Effekt findet man auf den Aktienmärkten.

Bestimmte Definitionen einer Situation verändern das Verhalten der Beteiligten in der Weise, dass diese (neue) Definition wahr wird. Ein Schüler, der glaubt, dass ihn Klassenkameraden in der neuen Schule hänseln werden, verhält sich so, dass sie ihn tatsächlich hänseln. Der Prüfling, der sich vor Versagen im Examen fürchtet, wird durchrasseln, weil er so viel Stress aufbaut, dass er es tatsächlich nicht schafft.

Die sich selbst erfüllende Prophezeiung bestätigt Vorurteile nach dem Motto: Ich hab es doch gleich gesagt. Dabei sind die „Tatsachen", die diesen Vorurteilen zugrunde liegen, selbst produziert und haben mit der Realität meist nichts gemein. Achten Sie deshalb darauf, sich nicht selbst in diese Falle zu bugsieren.

Der Psychologe William James hat dem eine positive Fassung gegeben: „Wer daran glaubt, dass das Leben lebenswert ist, handelt so, dass das Leben lebenswert wird." Es kommt also darauf an, ob es gelingt, den Mechanismus der sich selbst erfüllenden Prophezeiung vom Negativen ins Positive zu wenden. Da wir nicht wissen, was kommen wird, können wir ebenso wie wir von einer negativen Entwicklung ausgehen, mit Überzeugung auch eine positive Entwicklung erwarten.

Wenn wir uns selbst hemmen

Gibt es Bereiche, in denen Sie sich selbst dabei im Weg stehen, optimistisch zu denken und zu handeln?

Zeigen Sie Mut zur Veränderung

Wer sich nicht verändern will, zieht keinen Nutzen aus seinen Erfahrungen. Alle Lernerfahrungen, die man im Laufe seines Lebens macht, sind immer nur so gut wie die folgende Umsetzung im täglichen Leben. Wenn etwas erhalten werden soll, muss es sich verändern können. Was nicht mehr verändert werden kann, droht in einem sich stets verändernden

Umfeld auszusterben, denn schließlich bleibt die Welt nicht stehen.

Der Vorsatz, sich optimistischer zu verhalten, zielt auf eine Veränderung ab. Man möchte sich verändern, weil man erkannt hat, dass es sich damit besser lebt. Dafür ist es wichtig, die eigene Veränderungsfähigkeit zu überprüfen. Wie sieht die Bereitschaft aus, sich auf Neues einzulassen? Dafür muss man innere Überzeugungen loslassen und kritisch hinterfragen, ob die in der Vergangenheit gebildeten Überzeugungen heute noch Bestand haben. Eventuell können sie durch andere (bessere) Überzeugungen ersetzt werden. Hierfür ist es wichtig, sich einige kritische Fragen zu stellen:

Checkliste: Sind Sie bereit, sich zu ändern?

- Können Sie akzeptieren, dass in der Phase, in der Sie etwas Neues ausprobieren, vorübergehend Sicherheit verloren geht?

- Können Sie akzeptieren, dass Ihr Veränderungsprozess von Ihnen abhängt und nicht von Mitmenschen oder Umständen?

- Haben Sie die Bereitschaft und den Mut, sich einer Veränderung zu stellen?

- Wollen Sie eine weitere Lebenserfahrung machen und etwas Neues über sich erfahren?

Wenn Sie die Absicht haben, sich zu verändern, dann tun Sie es. Wir Menschen sind schließlich nicht in Stein gemeißelt. Und man weiß heutzutage, dass Veränderung lebenslang, auch im Alter, möglich ist.

Übernehmen Sie Verantwortung

Manche Menschen erleben es als unangenehm, für alle Belange ihres Lebens Verantwortung übernehmen zu müssen. Es wäre ihnen lieber, sie wären noch das Kind, für das andere Verantwortung übernehmen, speziell, wenn etwas misslingt. Damit müsste man nicht für Fehler einstehen oder diese ausbügeln, was grundsätzlich ein bequemer Weg wäre.

Als Kinder haben alle schon einmal die Erfahrung gemacht, dass man mit Ausreden oder Schwindeleien ungeschoren davonkam. Wer ehrlich bei der Wahrheit blieb, musste mit unangenehmen Konsequenzen leben, war es auch nur die Standpauke, die man sich abholte. Manche Erwachsene übertragen noch immer eigene Verantwortlichkeiten zielgerichtet auf andere, wie z. B.

- Erziehungsaufgaben an Pädagogen,
- Gesundheitsverhalten an Ärzte,
- berufliche Herausforderungen an Vorgesetzte etc.

Dieses Verhalten beschert punktuell tatsächlich weniger Schwierigkeiten. Es ist bequemer, als für alles selbst den Kopf hinzuhalten. Wer keine Verantwortung übernimmt, kann auch nicht zur Rechenschaft gezogen werden. Somit ist man erst einmal fein raus, die Sündenböcke sind die anderen. Diese Haltung trägt jedoch nicht dazu bei, optimistischer zu werden, vielmehr sind dafür die eigene Aktivität und eigene Erfolgserlebnisse notwendig. Gerade um letztere bringt sich aber derjenige, der ständig Verantwortung abgibt.

> Wer selbst keine Verantwortung übernimmt, kann sich auch keine Erfolge zuschreiben. Eigene Erfolgserlebnisse sind jedoch Basis für eine optimistische Grundeinstellung.

Je mehr Sie für sich und Ihr Handeln Verantwortung übernehmen, desto breiter wird die Basis für eine optimistische Weltsicht.

Übersicht: Vorteile von Eigenverantwortung

- Ihr Fühlen hängt nicht mehr von anderen Menschen und deren Willkür ab.

- Sie entscheiden selbst über das, was Sie tun oder lassen und damit auch über Ihr Wohlbefinden.

- Sie haben selbst die Möglichkeit etwas zum Positiven hin zu beeinflussen.

- Ihr Handeln ist selbstbestimmt und wird nicht von Zustimmung bzw. Ablehnung anderer regiert.

- Sie tun das, was Sie für richtig halten, und nicht gegen innere Widerstände das, was andere für gut erachten.

- Sie können sich Erfolge selbst zuschreiben und stolz darauf sein.

Nutzen Sie Gestaltungsspielräume

Das Leben in der modernen Leistungsgesellschaft wird zunehmend von äußeren Einflüssen und Zwängen bestimmt, sei es im Beruf oder im privaten Leben. Selbst Partnerschaft, Freundschaften und Familienleben stellen hohe Anforderungen an den Einzelnen. Einigen dieser Zwänge können wir uns nicht entziehen, sofern wir im sozialen Miteinander bestehen wollen. Andere Bereiche des Lebens sind jedoch frei gestaltbar. Das wird im Alltagstrubel leicht vergessen. Man spielt allzu oft unkritisch das Spiel des Räderwerks mit. Immer mehr Menschen führen deshalb ein von äußeren Faktoren gesteuertes, unreflektiertes Leben. Bis zu dem Tag, an dem sie feststellen, dass sie eine Marionette ihrer Umgebungszwänge sind. Spätestens dann wird es Zeit für Fragen nach den eigenen Gestaltungsmöglichkeiten und Wünschen.

Checkliste: Aktive Lebensgestaltung

- In welche Richtung entwickelt sich mein Leben?
- Ist das Leben, welches ich im Augenblick führe so, wie ich es mir vorgestellt habe?
- Habe ich konkrete, erreichbare Ziele für mein Leben, damit ich so leben kann, wie ich leben möchte?
- Kümmere ich mich genug um meine eigene Entwicklung und meine eigenen Bedürfnisse?

Wenn zu den vier Fragen keine spontanen und befriedigenden Antworten auftauchen, nehmen Sie es als ein Signal dafür, dass Sie nicht (oder zu wenig) gestalterisch in Ihr Leben eingreifen. Wenn Sie nicht gestalten, tun es andere für Sie ... Gestalten heißt: sich aussetzen – den Rahmenbedingungen, Bedürfnissen, Anforderungen der Umwelt, den Wünschen des Umfeldes und den eigenen. Wer sich diesen kollektiven Herausforderungen stellt, kann seine Spielräume größtenteils selbst formen, wie es ihm entspricht. Sich aussetzen kann jedoch nur, wer sich konzentriert und auf sich besinnt, wer weiß, was er kann und was er will. Und wer bereit und fähig ist, Entscheidungen zu treffen. Wer seine Bedürfnisse, Interessen und Rechte aktiv wahrnimmt, sie mit anderen abstimmt oder sie verteidigt, sein Denken und Handeln reflektiert und aus Erfahrungen Konsequenzen für zukünftiges Handeln ableitet, hat die Basis geschaffen, um optimistisch in die Zukunft zu blicken.

Werten Sie Kritik als Chance

Geschieht ein Fehler, bleibt Kritik meist nicht aus. Sie ist vordergründig oft nicht angenehm, kann jedoch sehr hilfreich sein. Kritik ist die Rückmeldung der Umwelt auf ein Verhalten. Sie soll helfen zu erkennen, was schief läuft oder lief. Wer lediglich wütend oder ängstlich auf Kritik reagiert, zieht wenig Nutzen aus ihr. Je besser es gelingt, den Kern der Botschaft herauszufiltern, desto mehr kann man davon profitieren. Bevor Sie eine Kritik ablehnen, fragen Sie sich:

- Was könnte dran sein?
- Was ist der Kern der Kritik?
- Wie könnte ich die Kritik nutzbringend umsetzen?

Manchmal wird man kritisiert für etwas, das man selbst nicht als Fehler erachtet oder wofür man nicht verantwortlich war. Machen Sie sich in diesem Fall klar: Die Worte, die ein Kritiker äußert, stellen dessen persönliche Meinung dar. Man hat immer die Wahl, diese Meinung zu akzeptieren oder sich zu sagen: „Das ist seine Sichtweise. Ich weiß, dass die Tatsachen nicht so sind, wie er sie sieht."

Trennen Sie Person und Leistung

Wer sich und seinen Selbstwert ausschließlich über sein Handeln und seine Leistungen definiert, wird sich automatisch mit jeder Niederlage und jedem Scheitern selbst in Frage stellen. Wenn die Meinung über sich am Gelingen einer Handlung festgemacht wird, bedeutet jede Niederlage, jedes Missgeschick einen Angriff auf die Persönlichkeit und den eigenen Wert. Sie haben Alternativen zu diesem Verhalten:

- Unterscheiden Sie zwischen Ihrer Persönlichkeit und Ihren Leistungen.
- Handlungen können scheitern, ohne dass die Person dadurch an Wert verliert.
- Wer das klar trennt, den berühren Tiefschläge nicht im Kern seiner Persönlichkeit.

Leistung und Selbstwert zu entkoppeln, geht am besten, indem man lernt, auch einmal Zeit für Dinge einzuplanen, die einfach nur Freude machen und keinem Zweck dienen. Wer zwischen Person und Leistung differenzieren kann, schafft sich die Grundlage für optimistisches Denken.

Negatives von außen

Dass Krisen und Rückschläge Optimismus grundsätzlich nicht hemmen können, wurde bereits erwähnt. Doch gibt es negative Einflüsse von außen, die eine optimistische Sichtweise auf Dauer beeinträchtigen können.

Horrormeldungen der Medien

Durch die Angstindustrie der Massenmedien wird massiv Hoffnungslosigkeit geschürt und ausgeschlachtet. Täglich herrscht in den Medien die Lust am Untergang und das aus einem einzigen, perfiden Grund: Katastrophen verkaufen sich hervorragend. Genüsslich werden Einzelheiten von Mord und Verbrechen ausgebreitet, wird die Kamera auf Bilder verletzter Menschen oder Zerstörung gehalten. Diese Art Nachrichten sind nicht nur den Opfern gegenüber respektlos, sie erzeugen auch in den Köpfen der Betrachter unnütze Ängste. Man gewinnt durch die Einseitigkeit dieser Katastrophenmeldungen leicht den Eindruck, die Welt wäre überwiegend grausam, ungerecht und schlecht. Dennoch kann jeder Einzelne dafür sorgen, sich seinen Optimismus zu erhalten:

- Vermeiden Sie auffällige Horrormeldungen in den Medien. Wählen Sie gezielt nur solche Informationen aus, die Sie benötigen. Fragen Sie sich, was Ihnen Meldungen von Tod, Unfällen und Katastrophen tatsächlich bringen. Schalten Sie Radio oder Fernsehen immer wieder gezielt ab. Hören Sie bewusst auch die guten Geschichten, welche zwar nicht so laut dargestellt werden, die es jedoch auch gibt.

- Gehen Sie eingefleischten Schwarzmalern aus dem Weg. Wenn dies nicht möglich ist: Bitten Sie in einem offenen Gespräch Ihr Gegenüber, seine Negativsicht zu relativieren bzw. Sie damit zu verschonen.

Wenn andere jammern

Gefühle sind Reaktionen auf Geschehnisse in unserer Umwelt. Sie sollen etwas mitteilen und haben ihren Sinn: Ärger zeigt an, dass Grenzen oder Regeln überschritten wurden. Angst zeigt an, dass Gefahr oder Schaden droht. Langeweile vermittelt, dass eine Situation unbefriedigend ist und wir sie verändern sollten etc. Auch das Jammern hat seinen Sinn. Es sorgt dafür, dass der jammernde Mensch mehr Zuwendung erfährt, in den Mittelpunkt gestellt wird, seine angestauten Emotionen los wird und es ihm dadurch kurzfristig besser geht. Jeder hat das Recht, ab und zu einmal zu jammern und auch angehört und in den Arm genommen zu werden. Das ist eine liebevolle Unterstützung, die man einander gerne gibt.

Wenn kein Ende in Sicht ist

Problematisch wird es, wenn Jammern dauerhaft eingesetzt wird, um z. B. Aufmerksamkeit zu erlangen. Ebenso, wenn das Thema, über das sich eine Person beklagt, jahrlang unverändert bleibt. Bei beratungsresistenten Dauer-Jammerern ist permanenter Trost und Zuhören ein schlechter Dienst. Denn diese haben bisher nicht gehandelt und nichts verändert. Hier hilft nicht Trost, sondern die Aufforderung zu aktiver Handlung und Gestaltung. Bestenfalls sorgen Sie dafür, das Selbstbewusstsein desjenigen aufzubauen. Machen Sie Mut für eine notwendige Veränderung. Sich dauerhaftes Jammern anzuhören, darf nicht dazu führen, dass man selbst permanent als Blitzableiter für schlechte Gefühle anderer fungiert, ohne Hoffnung auf Änderung. Das ist nicht nur langweilig, es zieht auch die eigenen Emotionen in den Keller. Schützen Sie sich selbst. Bieten Sie dem Dauer-Jammerer folgende Alternativen an: Entweder führt er eine Veränderung herbei, welche das Jammern überflüssig macht, oder er tut weiterhin nichts und belässt alles beim Alten, verschont Sie aber mit seinen Klagen.

Mitgefühl: ja, Mitleid: Vorsicht!

In den beiden Worten steckt ihre jeweilige Bedeutung: „Mitleid" kommt von „mit jemandem leiden". „Mitgefühl" kommt von „mitfühlen":

- Mitgefühl ermöglicht es, uns in andere Menschen hineinzuversetzen und deren Gefühle, Ängste, Freude, Motive, Einstellungen und Handlungen zu verstehen. Mitgefühl ist wichtig für soziales Miteinander und gilt für leidvolle wie auch fröhliche Situationen. Auch mit den eigenen Schwächen, Gefühlen oder Sorgen sollte man mitfühlend umgehen.

- Mitleid ist die Bereitschaft, aktiv zu helfen und andere bei der Bewältigung von Leid zu unterstützen. Das ist prinzipiell ein guter Zug, wenn es nicht inflationär betrieben wird – und wenn man dadurch nicht selbst leidet und verzweifelt.

Wenn es an Abgrenzung fehlt, bürden sich Mitleidige schon mal das Leid der anderen auf, so dass sie selbst leidend werden. Auf Dauer schwächt dies. Stellen Sie sich vor, ein Arzt würde mit jedem seiner Patienten mit-leiden. Damit wäre er irgendwann nicht mehr handlungsfähig. Zu viel Mitleid kann zudem einen fatalen Effekt auf die Bemitleideten haben: Sie versinken noch tiefer in ihrem Leid, wenn sie aufgrund des vielen Mitleids darauf schließen, ihr Leid wäre noch größer als gedacht.

Also: Mitgefühl: ja. Leid erkennen und helfen: ja, mit klaren Regeln und Grenzen. Mit-Leiden ohne Veränderung und Handlungsaufforderung: nein!

Auf einen Blick: Was dem Optimismus im Wege steht

- Prägungen aus der Kindheit sind von zentraler Bedeutung, dennoch können wir noch im Erwachsenenalter unser Schicksal in die Hand nehmen.

- So wie wir unsere Situation interpretieren, so wird sie sich entwickeln, weil wir mit unserer Haltung unbewusst schon die Richtung vorgeben. Hüten Sie sich vor einer sich selbst erfüllenden negativen Prophezeiung.

- Einer optimistischen Haltung steht selbst im Wege, wer
  – nicht bereit ist zu Veränderungen,
  – Verantwortung scheut,
  – seine Gestaltungsspielräume nicht nutzt,
  – Kritik nicht konstruktiv auswertet und
  – sich ausschließlich über Leistung definiert.

- Negativmeldungen der Medienindustrie fördern Ängste und lenken unsere Wahrnehmung weg vom Positiven. Filtern Sie die Informationen heraus, die Sie benötigen und schalten Sie Radio oder Fernsehen immer wieder ganz bewusst ab, um sich Schönem widmen zu können.

- Um sich vor Dauer-Jammerern zu schützen, sollte man ihnen mit klarer Abgrenzung begegnen. Damit hilft man sich und dem anderen.

Optimistisch kommunizieren und denken

Wie wir sprechen, so denken wir und umgekehrt. Optimistisches Denken kann sich nur entfalten, wenn man darauf achtet, positiv zu formulieren und die Gedanken vor Miesmacherei zu schützen.

In diesem Kapitel lesen Sie,

- worauf Sie beim Sprechen achten sollten (ab S. 64),
- wie Sie sich selbst positiv darstellen (ab S. 70),
- wie Sie sich vor falschen Denkmustern schützen können (ab S. 76),
- wie Sie negativen Urteilen und Selbstvorwürfen begegnen können (ab S. 79),
- worauf Sie achten sollten, wenn Sie andere beurteilen (ab S. 85).

Wie Sie mit Ihren Worten Ihr Denken beeinflussen

Die Welt in unserem Kopf entsteht durch Sprache. Mit jeder noch so einfachen Aussage werden Emotionen beeinflusst. Die Satz wie „Alles ist miserabel" färbt die Gefühlslage negativ. Meist sind solche Pauschalierungen auch gar nicht korrekt, weil selten alles schlecht ist. Versuchen Sie, Nuancen wahrzunehmen und zu formulieren. Das trägt zu einer positiven Haltung bei.

Formulieren Sie positiv

Optimistisches Denken kann sich nur entwickeln, wenn man positiv formuliert – auch in Gedanken. Da wir in sprachlichen Begriffen denken, brauchen wir positives Sprechen, um konstruktives Denken überhaupt leisten zu können.

Was Formulierungen aussagen		
Haltung	**Formulierung**	**Aussage**
pessimistisch	Das klappt sowieso wieder nicht.	Bereits im Vorfeld wird das Nicht-Gelingen thematisiert und erwartet.
neutral	Mal sehen, ob es klappt.	Scheitern und Gelingen sind zwei Möglichkeiten.
optimistisch	Das wird schon klappen.	Man geht zuversichtlich und mit Erwartung auf Erfolg an eine Sache heran.

Der Unterschied zwischen den verschiedenen Interpretationen des gleichen Sachverhalts ist enorm. Jede dieser Aussagen vermittelt ein andere Haltung: Setze ich mich bereits im Vorfeld mit Misserfolg auseinander oder starte ich zuversichtlich?

Viele Menschen nehmen sich positives Denken und Sprechen vor, fallen in der alltäglichen Kommunikation aber rasch wieder in einen urteilenden oder negativen Stil zurück. Bewusster Einsatz von positiver Sprache kann Menschen aus ihrer pessimistischen Haltung befreien. Auch hier gilt: Je häufiger man Gebrauch davon macht, desto optimistischer fühlt man sich und umso leichter fällt die positive Formulierung. Hier noch einige Beispiele, wie man dieselben Sachverhalte positiv bzw. negativ formulieren kann.

Negative versus positive Formulierungen	
negativ	positiv
Der zweite Vorschlag gefällt mir nicht.	Der erste Vorschlag erscheint mir praktikabel. Er ist logisch und gut umsetzbar.
Von 12 bis 14 Uhr empfangen wir keine Kunden.	Wir sind von 8 bis 12 Uhr und von 14 bis 18 Uhr für Sie da.
Ich weiß nicht, wie das geht, keine Ahnung.	Ich werde mich informieren, dann setze ich mich wieder mit Ihnen in Verbindung.

Ihr Vortrag war total verkrampft, da kamen die Inhalte gar nicht rüber.	Mit etwas mehr Körpersprache und Gestik können Sie Ihre interessanten Inhalte mehr zur Geltung bringen.
Sie kommen schon wieder zu spät.	Es ist schön für uns alle, wenn Sie pünktlich sind und wir nicht warten müssen.

Differenzieren statt Generalisieren

Wenn eine Sache nicht läuft oder schief gegangen ist, dann ist das kein Grund für die Behauptung, dass man etwas grundsätzlich nicht kann. Wer dies so formuliert, der generalisiert. Generalisierungen gehören zu den Wahrnehmungsfiltern in unserem Kopf, die manchmal wichtige Details der Einfachheit halber ausblenden. Bei Generalisierungen schließt man von einem Teil auf das Ganze. Sie sind durchaus nützlich: So genügt es, einmal den Finger auf die heiße Herdplatte gelegt zu haben, um zu wissen, dass man mit allen Herdplatten vorsichtig sein muss. Weniger nützlich ist es allerdings, wenn durch Generalisierungen wichtige Details ausgeblendet werden. Eine schlechte Note bedeutet nicht, dass man das Abitur nicht bestehen könnte, eine schlecht geführte Sauna heißt nicht, alle Saunen wären verdreckt.

In der täglichen Kommunikation neigen viele Menschen zu solchen Generalisierungen. Schwarz-Weiß-Kategorien wie gut – schlecht, groß – klein, perfekt – miserabel etc. sind eine Variante davon. Die Realität ist jedoch viel differenzierter aufgebaut. Machen Sie sich bewusst, dass es eine große Farbskala zwischen den Polen Schwarz und Weiß gibt. Wenn Sie z. B. ein Fünf-Gänge-Menü zubereitet haben und ein Gang ging daneben, dann war nicht alles misslungen (100 %), sondern nur ein Gang (20 %). Das ist ein großer Unterschied in der Wahrnehmung und in der nachfolgenden Gemütslage. Gehen Sie deshalb sorgsam mit Worten wie z. B. „nie", „grundsätzlich", „alles" oder „immer" etc. um und beschreiben Sie Dinge möglichst genau. In der folgenden Übersicht finden Sie einige Beispiele, an denen Sie vielleicht eigene Generalisierungen im Alltag erkennen.

Generalisierung versus Differenzierung	
generalisiert	optimistisch
Ich habe das ganze Menü vermasselt.	Ich habe vier tolle Menü-Gänge gekocht. Nur der Fünfte ist misslungen. (80 % sind gut.)
Ständig geht etwas daneben und nichts klappt.	Bis auf einige Ausnahmen funktioniert es.
Herbert ist fürchterlich.	Herbert hat zu diesem Thema seltsame Ansichten. (Stellt nicht die Person in Frage.)
In Mathematik bin ich ein Versager.	Bruchrechnen kann ich (noch) nicht.
Mit Fünfzig findet man keinen Job mehr.	Ab Fünfzig ist die Jobsuche nicht so leicht, ich bringe jedoch viel Erfahrung mit.

Ist der Worst Case wahrscheinlich?

Wer pessimistisch in die Welt blickt, neigt dazu, Konsequenzen oder Visionen zu prophezeien, die schnurstracks in eine Katastrophe münden. Diese unrealistischen Übertreibungen schaden dem Selbstbewusstsein und dem Optimismus. Das Gleiche gilt für die Bewertung von Dingen, die nicht so gelaufen sind, wie geplant: Sie wollten Sport treiben und die Figur verbessern, stattdessen haben Sie zwei Kilo zugenommen. Bedeutet das, dass Sie ein zu lebenslanger Fettleibigkeit verdammter Versager sind? Sie hatten bei einem Vortrag einen Hänger. Bedeutet das, dass Sie unfähig sind, einen Vortrag zu halten? Lassen Sie bei Ihren Bewertungen die Kirche im Dorf und vermeiden Sie es, aus Mücken Elefanten zu machen.

> Fragen Sie sich, wie wahrscheinlich das Worst-Case-Szenario tatsächlich ist, das Sie sich gerade ausmalen. Solange der Weltuntergang noch in Frage zu stellen ist: Verwenden Sie eine Formulierung, die den Sachverhalt genau beschreibt – dadurch blicken Sie optimistischer in die Zukunft.

Benutzen Sie Abstufungen

Achten Sie genau auf Ihre Aussagen: Wie man spricht, so denkt und so fühlt man sich letztendlich. Verwenden Sie für optimistische Kommunikation entweder:

- genaue Beschreibungen oder
- Abstufungen wie z. B. „manchmal", „hin und wieder" oder „in letzter Zeit" etc.

Mit differenzierten Formulierungen werden geringe Verbesserungen wahrgenommen – und dies gibt dem Optimismus neuen Schub.

Beispiel

 Wenn jemand sagt, ihm ginge es „etwas besser im Job", sagt er damit aus,
- dass es schon schlechter war und sich nun bessert,
- dass zwar (noch) nicht alles gut ist,
- dass er einen Prozess / Wandel wahrnimmt,
- dass sich ein Teilbereich gebessert hat,
- dass nicht alles komplett schlecht ist,
- dass er mit der Situation besser umgehen kann,
- dass er Hoffnung auf weitere Verbesserung hat etc.

Besonders in Krisen wichtig

Wer sich um eine exakte Wortwahl bemüht, schaut genauer hin. Das ist speziell in Situationen wichtig, in denen es einem nicht so gut geht. Denn Verbesserungen oder Erleichterungen, seien sie auch noch so gering, können nur durch differenzierte Betrachtung wahrgenommen werden. Das ist gerade in schwierigen Zeiten eine wertvolle Unterstützung, um auch durch das Erkennen von Angenehmem zu einer optimistischen Haltung zurückzufinden. Achten Sie deshalb ganz bewusst auf (kleine) schrittweise Veränderungen, welche in eine positive Richtung zeigen. Durch differenzierte Wortwahl lassen sich kleine Erfolge und Aufwärtstrends viel früher wahrnehmen und spüren. Winzige positive Signale sorgen bereits für Energie und bessere Stimmung.

So stellen Sie sich selbst positiv dar

Nicht nur, *wie* wir sprechen, sondern auch *was* wir sagen
oder als erzählenswert erachten, lohnt einer genaueren Betrachtung.

Beispiel

 In Seminargruppen zeigt sich häufig folgendes Verhalten: Auf
die Frage, „Was können Sie besonders gut?" oder „Was sind Ihre
Stärken?" kommt entweder eine verzögerte, verschämte Antwort
oder eine negierte. Dann hört man Aussagen wie: „Also, tech-
nisch bin ich eine völlige Null", „Ich bin nicht der geduldigste
Mensch" oder „Es gibt Begabtere als mich".

Mit solchen Antworten weicht man der Frage nach den Stärken
aus. Es fällt manchen Menschen schwer, über ihre Stärken zu
sprechen. Andere haben sich noch nie bewusst mit ihren Stärken
auseinandergesetzt und sind sich deren gar nicht bewusst.
Besonders bei Frauen ist dieser Effekt bedauerlicherweise ausgeprägt.

Understatement resultiert oft aus verinnerlichten Lehren der
Kindheit, sich selbst nicht zu loben oder nicht anzugeben.
Eine gewisse Portion Unbehagen ist immer dabei, wenn man
sich mit eigenen Stärken befasst und diese offen vor anderen
äußern soll. Trotzdem ist es wichtig, diese Frage zu beantworten, dient sie doch dem Prozess, sich schrittweise positiver wahrzunehmen.

Wer weiß, was er kann, macht sich von fremdem Lob unabhängig. Er findet Lob zwar nach wie vor angenehm, weiß aber auch, dass er es nicht
unbedingt benötigt, um sich seiner Stärken, seines Könnens, seiner Erfolge bewusst zu sein.

Bringen Sie sich zur Geltung

Positive Selbstdarstellung ist Marketing in eigener Sache. Gut zu sein, reicht allein nicht. Man muss sich und seine Leistungen auch wirkungsvoll zur Geltung bringen. Das setzt voraus, dass man seine Leistungen und Fähigkeiten zunächst selbst erkennt und dass man darüber spricht. Bedenken Sie, dass niemand ein Produkt, das vermeintlich nichts kann, keinen Nutzen verspricht und eventuell noch nicht einmal besonders gut wirkt, kaufen würde ...

Optimisten wissen, was sie drauf haben und kommunizieren dies selbstbewusst der Außenwelt. Wer über Erfolge und spannende Projekte spricht, wirkt anders als jemand, der von Misserfolgen und Pleiten berichtet. Dies ist keine Aufforderung zur Heldeninszenierung, Täuschung oder Hochstapelei. Doch die ins positive Licht gerückte Darstellung eigener Qualitäten und Fähigkeiten ist eine wichtige Basis für Erfolg. Stellen Sie also ihr Licht nicht unter den Scheffel. Wenn Sie Gutes tun – reden Sie darüber:

- Nutzen Sie die Chance, wenn sie sich bietet, über eine interessante oder spannende Aufgabe zu sprechen.
- Zeichnen Sie ein gutes Bild von sich und Ihrer Tätigkeit.
- Auch kleine Alltagssituationen, in denen Sie gut gehandelt haben, sind erwähnenswert.

- Situationen, die nicht so gut verlaufen sind, dürfen Sie aussparen. Antworten Sie aber ehrlich, wenn Sie darauf angesprochen oder gefragt werden.

- Erzählen Sie aus Ihrem Privatleben Positives z. B. von Ihrer Familie, Umweltaktivitäten, Hobbys, Interessen oder Zukunftsvorstellungen.

Wer es versteht, einen positiven Eindruck zu erwecken, kann diese Kompetenz vielfältig einsetzen, vom Bewerbungsgespräch über Vorträge bis hin zum Flirt. Selbstdarstellungskompetenz hilft, andere Menschen kennenzulernen, sie zu überzeugen, Netzwerke aufzubauen und Empfehlungen zu bekommen.

Sagen Sie, was Sie können

Sie sind einzigartig in Ihren Fähigkeiten, Kenntnissen, Ihrer Persönlichkeit. Stellen Sie sich entsprechend dar. In der folgenden Übersicht finden Sie einige Beispiele, die Ihnen den Unterschied zwischen positiver und negativer Eigendarstellung verdeutlichen. Überlegen Sie, was im Kopf anderer Menschen hängen bleibt, je nach dem, wie Sie von sich erzählen. Wer sein Licht permanent unter den Scheffel stellt, kann nicht erwarten, dass andere ihn als selbstbewusste Persönlichkeit wahrnehmen. In öffentlichen oder beruflichen Gesprächen geht es um die Darstellung von Kompetenz, Erfolgsorientierung und Vertrauen. Selbstdarstellung in solchen Situationen ist deshalb immer auf die gewünschte Wirkung hin zu überprüfen und zu gestalten, damit man sich nicht von vornherein selbst den Erfolg abgräbt.

Negatives versus positives Selbstmarketing		
Situation	negative Formulierung	positive Formulierung
Sie haben einen guten Vortrag gehalten und jemand lobt Sie.	„Na ja, das ist nichts besonderes, ich habe ihn schon dreizehn Mal gehalten."	„Das Thema zählt zu meinem Spezial-gebiet, über das ich gerne spreche."
Ein Kunde hat sich stark aufge-regt und Sie beschimpft.	„Ich versage in diesen Situationen, deshalb habe ich ihn zu meinem Kollegen ge-schickt."	„Ich konnte den Kunden an einen Kollegen verweisen, der den Vorfall klä-ren konnte. Somit fanden wir eine gute Lösung."
Sie bekommen eine Arbeit mit extrem engem Zeitrahmen übertragen.	„Das schaffe ich nicht, ich bekomme die andere Arbeit ja nicht mal auf die Reihe."	„Ich kann es in der gewünschten Qua-lität schaffen, wenn ich noch einen Tag dazunehme."
Ihr Vorgesetzter hat einen Vor-schlag von Ih-nen angenom-men.	„Ein blindes Huhn findet auch mal ein Korn."	„Meine Argumente waren schlüssig und ich konnte überzeugen."

Sie fühlen sich in einem Fachgebiet nicht sicher.	„Auf diesem Gebiet bin ich schwach und weiß nichts."	„Zu dem Thema kann ich mich noch fortbilden."
Ein Fehler von Ihnen hat zu einem Auftragsverlust geführt.	„Der Fehler ist mir passiert, weil ich das einfach nicht kann."	„Beim nächsten Mal werde ich diesen Fehler vermeiden, ich habe daraus gelernt."

Schärfen Sie Ihren Blick auf sich selbst

Machen Sie Schluss mit der einseitigen, negativen Selbstbetrachtung und -darstellung. Sprechen Sie nicht über das, was Sie nicht können, was nicht geklappt hat, sondern über die Anteile am Geschehen, die Sie gemeistert haben. Es gibt auf der ganzen Welt keinen Menschen, der nur negative Seiten hat.

Den Blick auf das Positive zu richten und seine Fähigkeiten in ein angemessenes Licht zu rücken, ist nicht immer leicht, aber hilfreich. Damit man aus einer überkritischen Betrachtung der eigenen Person und seines Verhaltens herauskommt, ist es wichtig, den Blick für das Positive, für das, was funktioniert, zu schärfen. Beleuchten Sie sich optimistisch, erkennen Sie Ihre Leistungen an und entrümpeln Sie Ihren Sprachgebrauch. Das lässt sich üben – am besten in alltäglichen Situationen, in denen Sie entspannt sind.

Die folgende Abbildung zeigt, welche Haltungen sich selbst
gegenüber den Optimisten vom Pessimisten unterscheiden:

Haltungen gegenüber sich selbst

So fördern Sie optimistisches Denken

Optimistisches Denken kann man gezielt fördern. Alte Denkmuster sollte man sich immer wieder bewusst machen, kritisch überprüfen und eventuell über Bord werfen.

Denkmuster aufbrechen

Bestimmte Denkmuster haben sich derart verfestigt, dass sie uns selbst nicht mehr auffallen und wir sie deshalb nicht reflektieren können. Sie lassen uns auf der Stelle treten. Wenn man den Blickwinkel etwas verändert, kann man diese Denkmuster durch neue ersetzen, die eine optimistische Betrachtung fördern.

Übersicht: Alte Denkmuster aufbrechen	
Altes Denkmuster	**Neues Denkmuster**
An Schwächen arbeiten.	Stärken stärken und hervorheben.
Keinen Fehler machen.	Fehler gehören zum Leben.
Bloß nicht versagen.	Mut haben, Neues mit voller Überzeugung auszuprobieren.
Ich muss mich anstrengen.	Manche Dinge gelingen leicht, das schmälert nicht ihren Wert.

Denkmuster 1: An Schwächen arbeiten

Getreu dem Motto „Jede Kette ist so stark wie ihr schwächstes Glied" entsteht der Glaube, man müsse vor allem Schwächen ausmerzen, um weiterzukommen. Sie sollten Ihre Schwächen zwar kennen, sich jedoch nicht mehr als nötig damit beschäftigen. Keiner kann alles. Konzentrieren Sie sich auf das, was Sie besonders gut können. Es ist anzunehmen, dass Sie da sogar ziemlich viel vorzuweisen haben. Lenken Sie Ihren Fokus auf Ihre Stärken und Fähigkeiten.

Neues Denkmuster: Stärken stärken und hervorheben.

Denkmuster 2: Keinen Fehler machen

Wenn Sie der Meinung sind, die Abwesenheit von Fehlern wäre das Optimum, werden Sie keine Höchstleistungen erzielen. Viele Menschen beschäftigen sich so intensiv mit dem Ausmerzen und Vermeiden von Fehlern, dass sie dadurch völlig blockiert werden, weil sie sich ausschließlich darauf konzentrieren. Ja: Fehler sollten vermieden und nicht zweimal gemacht werden. Aber: Begangene Fehler sind gemacht – der Lernprozess vollzogen. Erfolg entsteht nicht allein durch Vermeiden von Fehlern, sondern durch neuartige Lösungsansätze. Trauen Sie sich zu, Dinge anders anzugehen als gewohnt. Werden Sie mutig, Neues auszuprobieren. Dabei entsteht wesentlich mehr Positives, als Sie durch pure Fehlervermeidung erreichen. Denken Sie dran: Wo gehobelt wird, da fallen Späne.

Neues Denkmuster: Fehler gehören zum Leben.

Denkmuster 3: Bloß nicht versagen

Es ist ein paradoxer psychologischer Mechanismus: Manche Menschen halten sich in genau den Situationen zurück, in denen sie die größten Fähigkeiten besitzen. Der Grund: Die Angst vor Versagen in diesem Stärken-Bereich wäre schmerzlich und würde zu einer ernsten Bedrohung des Selbstwertgefühls führen. Motto: Hat man nicht sein Bestes gegeben, ist eine Niederlage nur halb so schlimm. Engagieren Sie sich mutig und bringen Sie Ihre Fähigkeiten zur Geltung. Wer ständig im lauwarmen Schonwaschgang agiert, versagt sich vor allem Eines: die Chance auf echte Erfolgserlebnisse. Wenn Sie sich also für eine Sache entschieden haben, dann legen Sie mit voller Power los. Auch auf die Gefahr hin, dass etwas misslingen könnte.

> Neues Denkmuster: Mut haben, Neues mit voller Überzeugung ausprobieren.

Denkmuster 4: Ich muss mich anstrengen

Manche Menschen denken, jede Leistung, die etwas wert sein soll, muss Blut, Schweiß und Tränen kosten. Der Wert einer Tätigkeit wird kurioserweise vom Grad der Anstrengung abgeleitet. Geht etwas locker von der Hand, so scheint es nichts wert, da einem in so einem Fall die Idee oder der Erfolg „zugeflogen" ist – und es deshalb keinen Grund gibt, darauf stolz zu sein. Halten Sie inne und reflektieren Sie: Weshalb sollte ein hervorragender Gedankenblitz nichts wert sein? Sollte Ihnen also unter der Dusche der Einfall Ihres Lebens kommen: Trocknen Sie sich ab und freuen Sie sich Ihres Lebens! Sie haben im Vorfeld unbewusst gedanklich darauf hin gearbeitet und sich den Erfolg verdient.

> Neues Denkmuster: Manche Dinge gelingen leicht, das schmälert nicht ihren Wert.

Negative Urteile prüfen

Was tun, wenn Sie spüren, dass Sie in pessimistisches Denken verfallen, das Sie hindert, unbeschwert zu leben? Fragen Sie sich, ob Sie sich von einer persönlichen Meinung lenken lassen, die eventuell gar nicht der Wirklichkeit entspricht. Versuchen Sie, sich mit den Tatsachen auseinanderzusetzen.

Tatsache oder Meinung?

Entsprechen die negativen Gedanken den Tatsachen oder handelt es sich um Ihre Meinung? Was ist der Unterschied zwischen Tatsache und Meinung? Der gravierende Unterschied ist: Meinungen lassen sich nicht überprüfen. Es gibt zu jeder Situation nicht nur eine Meinung, sondern unzählige. Jedem Einzelnen obliegt, was er von einer Sache hält, wie er sie sieht. Im Gegensatz dazu sind Tatsachen überprüfbar. Hier gibt es Fakten, an denen man sich orientieren kann.

Beispiel

 Herr R. kam von Besprechungen mit seinem Chef oft verunsichert zurück. Er verstand nicht, wovon der Vorgesetzte sprach, was dieser sich genau vorstellte und was er nun eigentlich tun sollte.

Herr R. bescheinigte sich darauf hin, dass „er zu dumm" wäre und fühlte sich zunehmend unsicher und angespannt in den

> Gesprächen. Er traute sich nicht nachzufragen und um weitere Erklärungen zu bitten, weil er befürchtete, sein Chef würde dadurch seine „Unfähigkeit" bemerken.
>
> In einer Unterhaltung mit einer Kollegin stellte sich heraus, dass weder sie noch andere Kollegen den Gedankengängen des Vorgesetzten folgen konnten und alle das gleiche Problem mit seinen Anweisungen hatten.

Oft stimmen Gedanken, die einen lähmen, überhaupt nicht mit der Wirklichkeit überein. Im Beispiel bescheinigte sich der Angestellte eigene Defizite, auf Grund derer er den Gedanken seines Chefs nicht folgen konnte. Hinterfragen Sie solche defizitär-selbstkritischen Gedankenmuster und überprüfen Sie anhand der folgenden Fragen, ob es sich um Ihre Meinung oder um eine Tatsache handelt.

Leitfaden: Meinung oder Fakt?

1 Entspricht die Meinung, die Sie über sich gebildet haben, wirklich den Tatsachen?

2 An welchen überprüfbaren Fakten machen Sie das fest?

3 Wenn Ihnen keine Antwort darauf einfällt, dann handelt es sich sehr wahrscheinlich um eine (negativ gefärbte) Meinung und Selbstkritik.

4 Revidieren Sie die pessimistische Meinung über sich. Formulieren Sie sie aufgrund der tatsächlichen Fakten um!

Selbstvorwürfe und Negativsicht auf die eigene Person kritisch in Frage zu stellen, ist ein wichtiger Schritt, um den Optimismus zu stärken. Viele der Annahmen, die eigenes Handeln in düsteren Farben darstellen, verzerren die Realität und entsprechen ihr nicht.

Selbstvorwürfe kritisch hinterfragen

Selbstvorwürfe sind häufig so hart, dass man sie sich von niemandem anderen an den Kopf werfen lassen würde. Würde uns jemand als „totalen Versager" bezeichnen, wir würden uns sofort von der ungerechten Beurteilung distanzieren. Wir führten Erfolge und Verdienste auf und wiesen die Beschuldigung zurück. Macht man sich diese Vorwürfe selbst, setzt man sich häufig nicht dagegen zur Wehr. Man verurteilt sich, sozusagen ohne Anwesenheit eines inneren Anwalts. Dabei entspringen Unterstellungen wie „Ich bin ein Versager" oder „Ich bin nicht liebeswert" oft falschen Zusammenhängen. Sie werden zu unreflektierten Denkgewohnheiten, die nichts mit der Realität gemein haben. Da die Urteile von einer inneren Instanz zu kommen scheinen, werden sie nicht hinterfragt, sondern gelten als Wahrheit.

Sobald man sich ertappt, dass man sich in ein schlechtes Licht rückt, sollte man dies kritisch prüfen. Wer lernt, detektivisch genau mit diesen destruktiven Gedankenmustern umzugehen, findet Gegenargumente: „Ich bin ein totaler Versager" lässt sich leicht entkräften, da niemand in allen Lebensbelangen versagt. Die fixe Idee „Niemand mag mich" löst sich auf, sobald einem der Freund einfällt, der einen kürzlich auf ein Bier eingeladen hat. Also: Überprüfen Sie sorgfältig solche negativen Betrachtungen und rücken Sie sie zurecht. Ansonsten stellen sie einen steten Angriff auf Ihr Selbstbewusstsein dar.

Leitfaden: So entkräften Sie Selbstvorwürfe

1 Gehen Sie gezielt auf die Suche nach reellen Pros und Contras für einen Selbstvorwurf.

2 Auf welche Erkenntnisse und Fakten stützt sich der Selbstvorwurf?

3 Überlegen Sie, wie ein unverbesserlicher Optimist die Situation beschreiben würde.

4 Betrachten Sie die Differenz zwischen den beiden Beschreibungen.

5 Seien Sie ehrlich: Hat Ihre ursprüngliche Aussage jetzt noch Bestand?

6 Falls ja (teilweise): Was können Sie zukünftig in speziellen Bereichen verbessern?

7 Wenn nein: Wählen Sie neue Formulierungen, die realistischer und wertschätzender sind.

8 Formulieren Sie die Aussage über sich neu und wählen Sie eine optimistische und realistische Selbstbewertung.

Vergleiche mit anderen

Menschen als soziale Wesen haben das Bedürfnis, ihre Fähigkeiten, Leistungen und Meinungen miteinander zu vergleichen. Durch Vergleiche erhält man wichtige Informationen über die eigene Leistung oder Lebensqualität. Vergleiche sind wichtig für Selbsteinschätzung und Selbstwertgefühl.

Permanente Unzufriedenheit mit dem eigenen Schicksal kommt vielfach daher, dass man nicht nur relevante und angemessene Dimensionen miteinander misst. Bevorzugen Menschen eine Vergleichsperson mit völlig anderen Lebensbedingungen oder vergleichen sie nicht-relevante Attribute miteinander, dann hinken logischerweise die Vergleiche. Man vergleicht sozusagen Äpfel mit Birnen. Misst sich z. B. ein Sechzigjähriger mit einem Achtzehnjährigen und stellt fest, dass dieser weniger Zeit für die gleiche Sprintstrecke benötigt, ist das kein relevanter Vergleich.

Achten Sie auf die Vergleichsebene

Es gibt verschiedene Vergleichsebenen. Diese liegen entweder auf vergleichbarem Niveau oder sind auf- bzw. abwärts gerichtet. Je nachdem werden die Vergleiche für die eigene Person besser oder schlechter ausfallen. Pessimisten neigen dazu, sich mit (vermeintlich) Besseren zu vergleichen. Sie fühlen sich in ihrem Urteil, dass sie stets unterlegen seien, auf diese Weise permanent bestätigt. Übertriebene Optimisten suchen die Bestätigung ihrer Überlegenheit gerne in Vergleichen nach unten.

- **Aufwärts gerichteter Vergleich:** Das ist der Vergleich mit einer erfolgreicheren Person. Die Vergleichsperson ist z. B. familiär oder in der Partnerschaft besser aufgestellt, hat weniger Probleme, mehr beruflichen Erfolg oder ist beliebter als man selbst.

- **Abwärts gerichteter Vergleich:** Das ist ein Vergleich mit einer weniger erfolgreichen Person. Beispielsweise vergleicht sich ein Gesunder mit einem Kranken, ein Angestellter mit einem Arbeitslosen, ein in stabilen Familienverhältnissen Lebender mit jemandem in zerrütteten Verhältnissen.

Je nach der Vergleichsrichtung werden positive oder negative Gefühle ausgelöst. Man empfindet sich oder die eigene Situation besser oder schlechter als die der Vergleichsperson. Das kann im einen Fall Beruhigung und Genugtuung auslösen, im anderen Unzufriedenheit und Minderwertigkeitsgefühle.

Beispiel

 Wenn ein Schüler eine Vier in einer Klassenarbeit geschrieben hat, dürfte er sich nicht mit denen vergleichen, die auch eine Vier geschrieben haben. Er müsste sich richtigerweise mit den Schülern vergleichen, die ähnlich viel Zeit in die Vorbereitung der Prüfung investiert haben. Dies wäre eine vergleichbare Dimension, aus der er reelle Informationen ableiten kann.

Für den Aufbau von Optimismus ist es wichtig, nur reell Vergleichbares in die Waagschale zu werfen. Erstens entsteht nur daraus eine tatsächlich verwertbare Information. Und zweitens erspart man sich den Frust, vermeintlich schon wieder etwas schlechter als andere gemacht zu haben.

Andere mit Feedback fördern

Alle Menschen, ob jung oder alt brauchen Feedback, um eine Leistung einordnen zu können. Großen Einfluss haben dabei z. B. Vorgesetzte auf Erfolge und Misserfolge ihrer Mitarbeiter oder Eltern auf ihre Kinder. Optimistisches Feedback besteht aus Ermutigung und ist zukunftsweisend ausgerichtet. Kritik fällt so aus, dass der Feedbacknehmer konstruktive und konkrete Hinweise erhält statt zermürbender Kritik, die entmutigt und resignieren lässt.

Ermutigendes Feedback

Es macht einen Unterschied, ob ein Vorgesetzter schlechte Leistungen eines Mitarbeiters auf stabile Faktoren (wie mangelnde Fähigkeiten) oder auf variable Faktoren (wie mangelnde Anstrengung oder Sorgfalt) zurückführt. Die Bescheinigung von Unfähigkeit etwa ist schlimmer als die der mangelnden Sorgfalt. An der Sorgfalt könnte man etwas verändern, da sie ein variabler Faktor ist.

Bei Erfolgen wirkt es entmutigend, wenn der Chef sie mit externalen (äußeren) Faktoren wie Zufall oder „guten Zeitpunkt erwischt" kommentiert. Dagegen macht es Mut, wenn er einen Erfolg auf internale (innere) Faktoren zurückführt, wie z. B. Können, Wissen oder Leistungsbereitschaft der Person. Feedback macht also nur dann Sinn, wenn ein Ergebnis nicht von äußeren Faktoren abhängig war, sondern maßgeblich durch das Handeln einer Person herbeigeführt wurde, also internal erklärt werden kann. Lob und Tadel sind dann angemessen, wenn ein Ergebnis nicht allein auf Fähigkeiten einer Person zurückgeht, sondern vor allem auch auf deren Anstrengung und / oder Sorgfalt. Denken Sie daran, wenn Sie selbst in der Position des Beurteilenden sind.

Unterlassen von Feedback

Nicht nur Feedbacks, die ausgesprochen werden zählen, sondern auch die unausgesprochenen.

Beispiel

 Wenn der Chef z. B. den Entwurf eines Mitarbeiters nicht kritisiert, sondern ohne Kommentar umändert, nimmt er damit indirekt eine stabile internale Kausalattribution für dessen Misserfolg vor:

1. Der Entwurf war offensichtlich in seinen Augen ungenügend, sonst würde er ihn nicht ändern.

2. Er schreibt ihn selber um, statt den Mitarbeiter mit der Überarbeitung zu beauftragen, weil er es ihm offensichtlich nicht (mehr) zutraut.

3. Er gibt kein Feedback über seine Kritikpunkte, das legt die Vermutung nahe, dass er wenig Hoffnung hat, bei diesem Mitarbeiter eine Leistungsverbesserung erreichen zu können.

Ohne auch nur ein Wort gesagt zu haben, vermittelt der Chef damit dem Mitarbeiter das Gefühl, dass von ihm nichts zu erwarten sei.

Der Mitarbeiter hat zwei Möglichkeiten, mit diesem destruktiven Feedback umzugehen: Entweder er grenzt sich ab, wählt eine optimistische Erklärung und sagt sich, der Chef sei das Problem. Oder er lässt sich pessimistisch herunterziehen und bestätigt sich selbst seine Unfähigkeit.

Das Unterlassen von konstruktivem Feedback ist deshalb immer problematisch: Es signalisiert entweder, dass das Anspruchsniveau des Feedback-Gebers ziemlich niedrig ist, oder, dass er die betreffende Person abgeschrieben hat. Wer bei anderen Menschen Selbstvertrauen und Optimismus fördern will, muss Mut zu deutlicher Kritik haben, wenn sie angebracht ist. Denken Sie daran: Feedback geben wir, ob wir etwas sagen oder nicht. Mit Feedback tragen wir auch ein Stück Verantwortung für Erfolge und Misserfolge anderer. Feedback soll Verbesserung und Ermutigung bringen. Setzen Sie deshalb wertschätzende, optimistische Erklärungsmodelle und eine positive Sprache ein. Eine Grundausrichtung hilft immer zur Orientierung für das Feedback-Geben: die des humanen Menschen- und Weltbildes.

Auf einen Blick: Optimistisch kommunizieren

- Positive Formulierungen fördern optimistisches Denken.

- Achten Sie darauf, nicht zu verallgemeinern. Bemühen Sie sich um eine differenzierte Sicht- und Sprechweise.

- Sprechen Sie über Ihre Erfolge und das Positive in Ihrem Leben.

- Prüfen Sie negative Urteile besonders kritisch.

- Entkräften Sie Selbstvorwürfe durch sorgfältige Prüfung der Fakten.

- Achten Sie bei Vergleichen mit anderen darauf, dass die Vergleichsebene stimmt.

- Sie urteilen als Optimist, wenn Sie dafür sorgen, dass Ihr Feedback ermutigt und zu Verbesserungen führen kann.

Optimistisch handeln

Eine optimistische Grundhaltung wirkt sich direkt auf unser Handeln aus. Lassen Sie Veränderungen zu.

In diesem Kapitel lesen Sie, wie Sie

- Ihre Stärken ausbauen und Schwächen positiv nutzen (ab S. 90),
- konstruktiv mit eigenen und fremden Fehlern umgehen (ab S. 96),
- Ihre Wünsche in die Tat umsetzen (ab S. 104),
- Ihre Sorgen in Zaum halten (ab S. 107),
- Optimismus jeden Tag trainieren können (ab S. 117).

Bauen Sie Ihre Stärken aus

Wer seine individuellen Stärken kennt und effektiv einsetzt, wird in allem, was er tut, größere Wirksamkeit erzielen, schneller ans Ziel gelangen und erfolgsverwöhnter sein. Er kann optimistisch nach vorn blicken und glaubt an ein positives Ergebnis. Wer dagegen Stärken als selbstverständlich abtut und stattdessen nur auf seine Schwächen fokussiert ist, wird eher durchschnittliche Leistungen bringen. Er muss neben Defiziten auch noch mit der selbstgemachten Motivationslosigkeit kämpfen. Menschen brauchen Erfolge und Anerkennung, um motiviert und zukunftsorientiert arbeiten zu können. Konzentrieren Sie sich auf das, was Sie gut können und gerne machen.

Wo liegen Ihre persönlichen Stärken?

Jeder Mensch ist eine einzigartige Kombination aus Persönlichkeit, Fähigkeiten, Kenntnissen und Erfahrungen. Hinzu kommen persönliche Ziele, Visionen, Wünsche, Werte, Vorstellungen und Talente. All das beeinflusst den Lebensweg. Filtern Sie gezielt Ihre persönlichen Stärken heraus. Diese sind ein wertvoller Stützpfeiler für Optimismus. Nur der hat Zuversicht, der weiß, was er kann. Die folgende Checkliste hilft Ihnen dabei.

Checkliste: So finden Sie Ihre Stärken

- Was kann ich richtig gut?
- Was fällt mir besonders leicht?
- Worin bin ich besser als andere?
- Welche Eigenschaften zeichnen mich aus?
- Was macht mir besondere Freude?
- Welche Erfahrungen, Kenntnisse, Fähigkeiten habe ich?
- Welche Ideen habe ich?
- Welche Erfolge habe ich in meinem Leben erzielt?

Machen Sie sich Gedanken, wo Sie aufgrund Ihrer Veranlagung punkten können. Das ist dort, wo Sie vor allem Ihre Stärken einsetzen können, Ihnen Aufgaben leicht fallen und Spaß machen. Je besser es gelingt, Ihren Beitrag gezielt dort zu leisten, wo Ihre Stärken gefragt sind, umso höher wird die Effektivität und die Motivation und damit auch der Erfolg sein.

> Vernachlässigen Sie nicht Ihre Stärken zugunsten von Schwächen und Defiziten. Wer erfolgreich ist, nutzt und stärkt vor allem seine Stärken.

Schwächen positiv nutzen

Aus jeder Schwäche kann man eine Stärke ableiten, sie ist ganz einfach die zweite Seite der gleichen Medaille. Und: Je größer eine Stärke ausgeprägt ist, desto größer ist die zugehörige Schwäche – und natürlich umgekehrt.

Beispiel

Eine angehende Führungskraft, die bei mir im Coaching war, beklagte sich, dass sie unter der Schwäche „Zurückhaltung / Schüchternheit" litt. Besonders käme dies in größeren Besprechungsrunden zum Tragen. Eine Aufgabe im Coachingprozess war, Vorteile und Stärken aus der vermeintlichen Schwäche abzuleiten. Heraus kamen folgende, vom Klienten entwickelte Stärken:

Wer sich nicht permanent einbringt, kann sehr gut beobachten.

Schüchternheit bedeutet auch Sensibilität und eine feine Antenne.

Wer zurückhaltend ist, erlangt leichter den Blick für das große Ganze, weil er unterschiedliche Meinungen neutral aufnimmt und nicht vorschnell wertet.

Er hört andere Meinungen ruhig an und lässt andere ausreden.

Der Zurückhaltende ist in Diskussionen weniger emotional beteiligt und behält einen kühlen Kopf.

Er hört oft Kleinigkeiten von großem Wert heraus.

Er ist darauf bedacht, für Harmonie zu sorgen.

Er kann ein guter Vermittler bei Meinungsverschiedenheiten sein, da er gemeinsame Interessen wahrnimmt und aus der Metaebene heraus strukturieren kann.

Sogar in unliebsamen, vermeintlichen Schwächen wie „Zurückhaltung / Schüchternheit" liegen auf den zweiten Blick wertvolle Stärken. Werden Sie sich der Stärken bewusst, die unabdingbar mit einer Schwäche verbunden sind. Ändern Sie doch einmal die Perspektive und fragen Sie sich: Welchen Vorteil hat meine Schwäche?

Leitfaden: Schwächen positiv nutzen

1 Akzeptieren Sie Schwächen und betrachten Sie diese als Teil von sich.

2 Überlegen Sie, ob die Schwäche nicht auch in eine Stärke oder einen Vorteil umzuwandeln ist.

3 Welchen Sinn hat die Schwäche in Ihrem Leben?

4 Wie könnten Sie die Schwäche auf ein verträgliches Maß reduzieren?

5 Verzeihen Sie denjenigen, die in Ihren Augen gegebenenfalls dazu beigetragen haben, dass Sie die Schwäche haben.

6 Übernehmen Sie ab sofort selbst die Verantwortung für Ihre Schwäche.

7 Nehmen Sie die Schwäche als Ihre besondere Lebensaufgabe an.

Akzeptieren Sie sich selbst

Das Selbstwertgefühl hängt weitgehend von der eigenen Meinung über sich ab. Ist ein Mensch in der Lage, sich selbst anzunehmen, wird er selbstsicherer. Der objektive Erfolg plus die eigene, subjektive Sichtweise darauf prägen den Selbstwert eines Menschen. Je selbstsicherer eine Person ist, desto geringer ist die Diskrepanz zwischen subjektivem Ist- und Soll-Zustand.

Wer eine hohe Meinung von sich hat, dem scheint fast alles zu gelingen. Haben Menschen eine niedrige Selbstwerteinschätzung, dann klaffen das reale Selbst ("So bin ich") und das ideale Selbst ("So wäre ich gern") stark auseinander. Das führt dazu, dass man sich ständig infrage stellt und unsicher wird. Bereits Cicero bemerkte: "Oft ist der Mensch sich selbst sein größter Feind." Wer seine Anerkennung ausschließlich von extern (anderen Menschen) erhält, dem drohen Enttäuschung und Kränkung, wenn sie einmal ausbleibt, er kritisiert wird oder eine Zurückweisung erfährt. Anerkennung von außen ist sehr vergänglich und daher keine Selbstwertquelle.

Schluss mit der Selbstunterschätzung

Wer eigene Fähigkeiten unterschätzt und sich nichts zutraut, neigt dazu, Handlungen zu unterlassen, welche für die Lösung des Problems zwingend notwendig wären. Somit lässt man wichtige Ressourcen brachliegen – Ressourcen, die man dringend benötigt, gerade dann, wenn man durchhängt. Speziell nach einem Rückschlag ist es wichtig, auf die eigenen Fähigkeiten und das eigene Potential zu achten, statt sich das Selbstbewusstsein zu untergraben. Richten Sie den Blick auf das, was Sie können, und verfolgen Sie weiterhin aktiv und optimistisch Ihr Ziel.

Selbstwertgefühl stärken statt schwächen

Ob man eine gute oder schlechte Meinung von sich hat, hängt entscheidend davon ab, wie man sich in verschiedenen Bereichen beurteilt:

- Leistung: Ich kann etwas. / Ich kann nichts.
- Soziales Umfeld: Ich fühle mich akzeptiert. / Ich fühle mich nicht anerkannt.
- Körper: Ich fühle mich attraktiv und leistungsfähig. / Ich fühle mich unattraktiv oder schwach.

Permanente Ablehnung kostet enorm viel Energie und Lebensfreude. Akzeptieren Sie das, was Ihnen mitgegeben wurde und lenken Sie Ihren Blick auf die Vorteile und Stärken, die darin liegen. Selbstakzeptanz stellt den stabilsten Faktor des Selbstwerts dar. Damit ist man mit dem zufrieden, was man hat, und konzentriert sich auf vorhandene Fähigkeiten. Ein gutes Selbstwertgefühl äußert sich in einer positiven Einstellung zu sich selbst. Menschen mit Selbstsicherheit können auch dann darauf zurückgreifen, wenn es Rückschläge gibt. Sie ruhen in sich selbst, strahlen Wärme und Ruhe aus, sind anderen zugewandt. Selbstwertgefühl ist gesunder Bestandteil einer harmonischen Persönlichkeit.

Die Meinung, die man von sich selbst hat, verleiht Selbstwert – oder eben nicht. Sie ist die Grundlage dafür, ob man sich wertvoll oder minderwertig fühlt. Und: jeder von uns entscheidet selbst, wie er sich sehen will, und trägt damit zu seiner Selbstakzeptanz bei.

Lassen Sie Fehler zu

George Soros, ein berühmter US-amerikanischer Börsenspekulant, beschreibt einen sehr lösungsorientierten Umgang mit Fehlern: „Mein Ansatz funktioniert, nicht deshalb, weil er zutreffende Prognosen macht, sondern weil er mir erlaubt, falsche Prognosen wieder zu korrigieren." Ein Fehler ist nichts anderes als eine Abweichung von einem optimalen oder normierten Zustand, der eine vorgegebene Erwartung nicht erfüllt. Die Kunst besteht darin, Schieflagen rasch zu erkennen und sie zu beseitigen oder in so geringem Rahmen wie möglich zu halten.

Grenzen der Planbarkeit

Wer davon ausgeht, alles im Leben wäre planbar und alle Fehler wären von vornherein auszuschalten, befindet sich auf dem Holzweg. Planungen sind gut, dennoch muss man damit rechnen, dass es in vielen Fällen anders als erwartet kommt. Wer mögliche Abweichungen vom Plan von vornherein einbezieht ist im Vorteil: Er behält eine optimistische Lebenseinstellung und ist weniger frustriert, wenn etwas nicht so läuft, wie gedacht.

Exkurs in Chaosforschung und Kybernetik

Die Chaostheorie beschreibt nicht die Unordnung eines Systems, sondern sein zeitliches (dynamisches) Verhalten. Chaotisches Verhalten liegt dann vor, wenn geringste Änderungen in den Anfangsbedingungen nach einer gewissen Zeit zu einem völlig anderen Verhalten führen als berechnet. Man spricht in diesem Zusammenhang von einem nicht-periodischen und scheinbar irregulären Verhalten. Beispiele für extrem komplexe Systeme sind: Gehirn und Körper des Menschen, Finanzmärkte, Panikverhalten, Familien, Arbeitsteams, Wetterphänomene oder Wirtschaftskreisläufe etc. Konkret heißt das: Sobald wir selbst als komplexes System mit anderen komplexen Systemen (z. B. anderen Menschen) zu tun haben, ist der Ausgang unserer Planung weder berechenbar noch vorhersehbar.

Beispiel

Der Kybernetiker Gregory Bateson formulierte ein wunderbares Lehrbeispiel zur Systemtheorie:

In dem klassischen Beispiel weist er darauf hin, dass es einen Unterschied macht, ob jemand gegen einen Stein oder einen Hund (als komplexes System) tritt: Die Bewegung des Steins ist aufgrund der Krafteinwirkung, der Steingröße etc. eindeutig voraussehbar, weil physikalisch berechenbar.

Die Reaktion des Hundes (als komplexes System) ist dagegen nicht berechenbar, da sie von der Beziehung zwischen dem Hund und dem Tretenden abhängt sowie davon, wie der Hund den Tritt interpretiert. Der Hund könnte sich krümmen, davonlaufen, jaulen, bellen oder beißen. Mit seiner Reaktion nimmt der Hund wiederum maßgeblichen Einfluss auf das Verhalten desjenigen, der ihn getreten hat.

Das komplexe menschliche Miteinander ist nach diesen Theorien nicht berechenbar oder vorhersehbar. Damit sind die Grenzen der Planbarkeit klar umrissen. Es ist unvermeidbar, dass es zu „Fehlern" oder besser: Unberechenbarkeiten kommt, immer kommen wird und sich diese niemals umfassend ausschließen lassen werden.

Fehler gehören dazu

Es wird und kann nicht alles perfekt gelingen, Fehler gehören zum Leben. Ist ein Fehler passiert, machen Sie nicht gleich alles madig, sondern umreißen Sie klar den Fehlerbereich. Versuchen Sie, Fehlerursachen auf den Grund zu gehen. Sollte es Anlass zu einer Wiedergutmachung geben, dann erledigen Sie dies so schnell wie möglich.

Fehler sollten natürlich vermieden werden. Und selbstverständlich wäre es unklug, aus Fehlern nichts zu lernen. Vermeiden Sie aber, Fehler so überzubewerten, dass diese Ihre Aktivität blockieren. Und eines gilt immer: Ist ein Fehler passiert, sollte man dazu stehen. Ehrlichkeit bringt inneren Frieden, ebenso wie eine angemessene Entschuldigung.

> „Der größte Fehler, den man im Leben machen kann, ist, immer Angst zu haben, einen Fehler zu machen." (Dietrich Bonhoeffer)

Hier einige weitere, mit einem Augenzwinkern zusammengestellte Möglichkeiten, mit eigenen Fehlern umzugehen:

- Man erschießt seine Kritiker. (Hollywood-Technik)
- Man verdrängt die Fehler. (Ausblend-Technik)
- Man tut nichts, wobei Fehler entstehen könnten. (Vogel-Strauß-Technik)
- Man schiebt Fehler anderen in die Schuhe. (Buhmann-Technik)

Kampf dem Perfektionismus

Wer höchste Anforderungen an die eigene Leistung stellt und Fehler durch extreme Perfektion vermeiden will, macht sich das Leben schwer und steht einer optimistischen Haltung selbst im Weg, da die Messlatte des eigenen Anspruchs in schwindelnden Höhen liegt. Wer aus Angst vor Fehlern auf übermäßige Perfektion setzt, verkennt, wie viel Energie dadurch gebunden wird. Wenn Sie überhöhte Perfektion ablegen, werden Sie merken, dass Sie sehr wohl kompetent arbeiten können und obendrein noch gelassener. Denken Sie daran: Manchmal sind auch 80 Prozent Gelingen völlig ausreichend. Üben Sie Pragmatismus: Entscheiden Sie, wo Perfektion nötig ist und wo nicht, wo sie der Arbeit, dem Ziel dient und an welcher Stelle sie unnötig ist. Damit gewinnen Sie Zeit, Entspannung und Muse. Sie werden sich über Ihre Ergebnisse freuen, weil diese erreichbar waren.

Die Fehler anderer verzeihen

Die folgende Anekdote eines amerikanischen Managers beschreibt sehr treffend den positiven Umgang mit Fehlern anderer.

Beispiel

 Ein Angestellter kommt geknickt zum Manager in der Erwartung, fristlos gekündigt zu werden. Sein Fehler hatte das Unternehmen sehr viel Geld gekostet. Der Manager empfängt ihn mit den Worten: „Sie glauben doch nicht, dass ich Sie jetzt entlasse, wo ich gerade ein Vermögen in Ihre Ausbildung investiert habe."

Diese vorbildliche und optimistische Weise, mit Fehlern anderer umzugehen ist nicht leicht. Dennoch ist es überlegenswert, eine solche Strategie zu verfolgen: Gerade angesichts des Schadensausmaßes soll der Fehler nicht umsonst gewesen sein. Der Manager geht davon aus, dass sein Mitarbeiter daran wächst und verbucht den Fehler als Investition.

> Fehler zeigen lediglich, dass noch etwas fehlt. Sie sind insofern hilfreich, da sie Entwicklungsmöglichkeiten und Lernfelder aufzeigen.

Im offenen Miteinander müssen Fehler angesprochen werden. Je fairer der Umgang damit ist, desto vertrauensvoller bleiben Beziehungen. Jeder wünscht sich, sollte ihm ein Fehler unterlaufen sein, dass er dafür nicht einen Kopf kürzer gemacht wird. Den gleichen Anspruch haben diejenigen, unter deren Fehler wir zu leiden haben, an uns. In diesem Zusammenhang ist auch der Umgang mit Schuldzuweisung, Vergeben und Verzeihen wichtig. Jeder ist froh, wenn Fehler nicht Jahrzehnte nachgetragen werden. Einen Fehler zu verzeihen, ist eine optimistische Handlung: Sie nimmt Ihnen und dem anderen eine Last von der Schulter – und eröffnet die Chance eines unbelasteten Neustarts mit besserem Verlauf.

In jeder Fehlersituation geht es außerdem zunächst darum, die „Fehlerkosten" zu minimieren. Nicht der Schaden, der durch den Fehler eingetreten ist, sollte im Mittelpunkt stehen – daran lässt sich meist nichts mehr ändern – sondern die Vermeidung weiterer Folgen. Fragen Sie also:

- Wie können Sie die Schadensfolgen minimieren?
- Wie können Sie verhindern, dass sich der Fehler wiederholt?

So haben Sie Ihre Gefühle im Griff

Wer seine eigenen Gefühle kennt und die von anderen verstehen und einschätzen kann, hat es leichter im Job – mit anderen Menschen und mit sich selbst. Wie schwierig der treffsichere Umgang mit den eigenen Gefühle ist, beschrieb schon Aristoteles: „Jeder kann wütend werden – das ist leicht. Aber wütend auf den Richtigen zu sein, im richtigen Maß, zur richtigen Zeit, zum richtigen Zweck und auf die richtige Art – das ist nicht leicht." Wer seine Emotionen wahrnimmt und sich bewusst macht, ob er gerade Aggression, Scham oder Verletztheit empfindet, beherrscht eine hohe Kunst. Das Geschick, Gefühle je nach Situation angemessen zu handhaben, ermöglicht Selbstkontrolle. Wer seine innere Stimme hört, meistert sein Leben besser und trifft leichter richtige Entscheidungen.

Mit Optimismus Gefühle besser steuern

Eine optimistische Haltung kann bei der Steuerung von Emotionen eine große Hilfe sein. Meist ist es weniger eine Situation, die wütend oder traurig macht, sondern es ist die eigene Interpretation der Ereignisse. Wer spontane Emotionen in geordnete, wohlüberlegte Bahnen lenken kann und sich im Griff hat, ist weniger negativen Gefühlen ausgesetzt und hat weniger unter Affekthandlungen zu leiden. Dadurch entstehen engere soziale Beziehungen und mehr Wohlbefinden.

Impulskontrolle ist eine Fähigkeit, die Menschen zu Menschen macht: die Fähigkeit, über uns nachzudenken und Gedanken und Gefühle zu reflektieren. Impulskontrolle heißt, nicht die spontane, naheliegende Emotion anzunehmen und danach zu handeln, sondern diese zu hinterfragen und gegebenenfalls eine Neubewertung vorzunehmen.

Leitfaden: Impulskontrolle

1 Welche Emotionen habe ich genau in dieser Situation?

2 Ist meine Interpretation den Tatsachen entsprechend / gibt es Fakten, die dagegen sprechen?

3 Was wäre die optimistische Sicht auf diese Situation?

4 Was hindert mich daran, mich optimistisch zu fühlen?

5 Wie würde ich als Optimist handeln?

6 Was hindert mich daran, die Dinge so zu akzeptieren, wie sie sind?

Wahrnehmung ist besser als Verdrängung: Gefühle, eigene und fremde, sind erst einmal richtig. Nur die Art des Umgangs mit ihnen kann unangemessen sein.

Die Stimmung beeinflussen

Sich in der eigenen Haut wohlzufühlen, ist eine wichtige Grundlage für Erfolg und Optimismus. Gefühle spielen eine wesentliche Rolle dabei, wie man in den Tag startet, Aufgaben anpackt, auf andere Menschen reagiert. Negative Gefühle wie z. B. Angst, Ärger oder Stress schränken die Leistungsfähigkeit und Lebensqualität ein. Unterschiedliche Stimmungen sind normal. An manchen Tagen erscheint das Leben schön und wunderbar, an anderen Tagen grau und eher langweilig. Subjektiv erlebte Befindlichkeiten üben großen Einfluss auf die momentane Lebenseinstellung aus. Sorgen Sie deshalb bewusst dafür, stets auch die angenehmen Dinge um Sie herum wahrzunehmen. Stimmungen und Gefühle hat man nicht einfach, sie fallen nicht vom Himmel. Wir produzieren sie selbst. Wie man denkt, so fühlt und – noch wichtiger – so verhält man sich. Hinzu kommt: Die Stimmung überträgt sich auf andere. Wer gute Laune hat, macht gute Laune. Wer schlechte Laune hat, steckt auch andere damit an.

Übung

 Wenn Sie morgens aufwachen und an den schlecht verlaufenen gestrigen Tag denken, machen Sie sich klar: Heute ist ein neuer Tag. Geben Sie diesem Tag die Chance, gut zu verlaufen. Das gelingt nur, wenn Sie sich nicht von den trüben „gestrigen" Gefühlen anstecken und zu Boden ziehen lassen. Gestern war gestern und ist vorbei! Lassen Sie sich im Heute von guten Gefühlen inspirieren. Machen Sie sich gezielt auf die Suche nach kleinen positiven Dingen. Machen Sie die Augen auf und werden Sie empfänglich für die Schönheiten des Lebens um Sie herum: Vogelgezwitscher, guter Kaffee oder ein nettes Lächeln … Positive Ereignisse lauern schließlich überall!

Verwirklichen Sie Ihre Wünsche

Wünsche, Träume und Ideen sind der Stoff, aus dem unser Leben die individuelle Note gewinnt. Untersuchungen der Psychologen Bandura und Cervone (1983) zeigten: Personen, welche sich keine Ziele setzten, zeigten keine Änderung ihrer Motivation und wurden von Menschen leistungsmäßig übertroffen, welche für sich selbst Ziele zur Verbesserung ihrer Leistung setzten. Ob Wünsche oder Visionen – ein tragender Zukunftsentwurf ist relevant für Erfolg und Lebensqualität. Er motiviert, nach vorn zu blicken und das Schicksal aktiv in die Hand zu nehmen.

Haben Sie Ziele?

Viele Erwachsene haben keine Träume mehr, zumindest glauben sie das. Wer keinen Traum, keine Vision hat, dem kommt irgendwann die Richtung abhanden, in die er gehen soll. Dann wäre es vollkommen egal, wohin man sich bewegt. Auf diese Weise weiß man aber nie, wann man angekommen ist oder die Ziellinie überschritten hat. So beraubt man sich seiner Erfolgserlebnisse. Sollten Sie das Gefühl haben, keine Träume mehr zu haben, nehmen Sie sich einmal ein paar Minuten Zeit anhand der folgenden Fragen darüber nachzudenken:

- Was will ich?
- Was ist mir wirklich wichtig?
- Was möchte ich erreicht haben, wenn ich in 10 oder 20 Jahren auf mein Leben zurückblicke?

Beantworten Sie die Fragen für jeden der vier Lebensbereiche: Beruf und Leistung, Familie und Soziales, Gesundheit, (Lebens-)Sinn und Werte.

Wenn Sie Ihre Ziele für unerreichbar halten

Manche kennen ihr Lebensziel, wissen aber nicht, wie dieses zu realisieren wäre. Machen Sie die folgende Übung und lassen Sie sich überraschen, was alles möglich ist. Dieser Schritt funktioniert nur, wenn Sie Ihren Lebenstraum gut kennen und detailgenau beschreiben können.

Übung

Schreiben Sie Ihren Traum auf, z. B. ein Haus zu bauen, Spanisch zu lernen, einen kreativen Beruf zu ergreifen, ein Buch zu schreiben oder die Welt zu umsegeln.

Formulieren Sie zuerst die Überschrift (das Thema), dann immer mehr Details. Stellen Sie sich genau vor, wie der Endzustand sein soll.

Notieren Sie dies vorerst nur für sich. Haben Sie keine Scheu, alles, was Sie sich wünschen, zu Papier zu bringen. Spinnen Sie einfach einmal drauf los. Papier ist geduldig. Konkretisieren Sie dann immer mehr, bis sich schließlich ein realistischer Plan daraus entwickeln lässt.

Wenn man weiß, was man will, kann man sich gezielt an die Planung machen. Nicht selten stellt man dabei fest, dass es gar nicht so unrealistisch ist, seinen Traum tatsächlich zu leben. Was hindert Sie? Make it happen!

So erhalten Sie sich die Selbstmotivation

Nach den Forschungen über die Selbstwirksamkeit (siehe S. 20) hängt der Grad an Anstrengung zum einen vom Anspruchsniveau und zum andern vom Anreiz der Ziele ab. Sind Ziele unrealistisch hoch angesetzt, erweisen sich die erbrachten Leistungen leicht als enttäuschend. Wenn intensive Anstrengungen wiederholt zu Misserfolgen führen, nimmt die Leistungserwartung zugunsten der Enttäuschung ab. Dadurch verringert sich die Motivation, die Tätigkeit weiter auszuführen, vieles wird zäh und anstrengend. Unterziele von gemäßigtem Schwierigkeitsgrad werden am ehesten als motivierend und befriedigend erachtet. Diese dienen dazu, größere und weiter in der Zukunft liegende Ziele zu erreichen, allein dadurch, weil sie die Motivation erhalten.

Checkliste: Wie Sie motiviert bleiben

- Konkretisieren Sie Ihre Wünsche oder Ziele mit möglichst vielen Details.

- Überlegen Sie, welche Unterziele erreicht werden müssen, um das große Ziel zu erreichen.

- Setzen Sie sich nun Unterziele, die Sie für realistisch und erreichbar halten – am besten mit Terminvorgabe.

- Nehmen Sie sich ausschließlich Ziele vor, die sich in Ihrem Wirkungsfeld befinden. Wer beim Lösungsprozess auf externe Faktoren angewiesen ist, die nicht beeinflussbar sind, wird leicht frustriert. Wenn Sie äußere Gegebenheiten nicht beeinflussen können, akzeptieren Sie diese und suchen Sie Alternativen.

Raus aus der Negativspirale

Optimistisch zu bleiben, ist nicht immer leicht. Schicksalsschläge, Sorgen, schlechte Stimmungen und Katastrophennachrichten bleiben im Leben nicht aus. Da trübt sich leicht der Blick auf das Positive.

Wenn der Blick auf Ganze verloren geht

Manche Menschen beschäftigen sich ständig mit Sorgen und Ängsten. Sämtliches Handeln und Denken wird davon bestimmt. Man geht davon aus, dass rund 15 % der deutschen Bevölkerung sich mehr als acht Stunden am Tag Sorgen machen. Zu viel davon führt dazu, dass man entschlussunfähig wird. Selbst simple Arbeiten werden dann für kompliziert gehalten, da jede Tätigkeit eine Entscheidung voraussetzt, zu der man sich nicht mehr in der Lage sieht. Überhand nehmende Ängste und Befürchtungen sind schwer zu kontrollieren, was den Zustand noch belastender macht.

Je weniger Einfluss man sich bescheinigt, desto tiefer gerät man in den Sorgenstrudel. Schnell werden harmlose Alltagssituationen durch den Angstkreislauf (s. S. 41) beeinflusst, weil man den realistischen Blick auf das Ganze verliert. So übersieht man leicht Chancen, die am Wegesrand liegen, und steht den vorhandenen Lichtblicken selbst im Weg.

Beispiel

 Permanente Sorgen beziehen sich oft darauf, dass man Arbeiten nicht schafft, Projekte nicht erfolgreich abschließt, dass die Beziehungen zu Arbeitskollegen, Vorgesetzten und Freunden problematisch werden oder scheitern könnten.

Ist ein Fehler passiert, so wird dieser schnell zur persönlichen Katastrophe: „Ich verliere bestimmt meinen Job!" oder „Der Kunde erteilt mir nie wieder einen Auftrag!"

Der Teufelskreis mündet in die Bestätigung: „Ich kann nichts" oder „Ich bin ein Versager" und endet in Resignation.

Das Sorgenmachen wird oft begleitet von Gefühlen wie Beklemmungen und Frustrationen sowie körperlichen Symptomen wie verspannten Muskeln, Magen- und Herzbeschwerden. Wer zu sehr von Ängsten und Sorgen in Beschlag genommen ist, leidet folglich unter mangelnder Konzentration und Arbeitsineffizienz. In Experimenten wurde festgestellt, dass bei stark besorgten Menschen die Wahrnehmung schlechter wird. Vermutlich sind sie so mit Sorgen beschäftigt, dass sie nicht frei sind, die Realität wahrzunehmen.

Was tun?

Sehen Sie Ihre Sorgen als klar umgrenzten Problembereich oder Misserfolg an und generalisieren Sie nicht. Blicken Sie gerade dann auf Ihre Stärken und Ressourcen, da diese Ihnen helfen, Ihr Ziel (z. B. das Thema, das Ihnen Schwierigkeiten macht, zu minimieren) weiterhin aktiv zu verfolgen. Um ein Sorgen-Wirrwarr abzubauen, ist es hilfreich, sich erst einmal einen Überblick zu verschaffen. Werden Sie aktiv und warten Sie nicht darauf, dass sich Sorgen in Luft auflösen. Das tun diese in der Regel nicht. Wenn möglich, beantworten Sie folgende Fragen schriftlich:

Leitfaden: Der Weg aus der Sorgenspirale

1 Welche Sorgen mache ich mir?
Notieren Sie alle Sorgen genau, die Ihnen momentan durch den Kopf gehen. Hängen diese zusammen oder stammen sie aus unterschiedlichen Bereichen?

2 Wofür kenne ich eine Lösung?
Gibt es Sorgen, für die Ihnen bereits eine mögliche Lösung bekannt ist? Wenn ja und wenn diese in Ihrem Wirkungskreis liegt, streichen Sie die Sorge von der Liste. (Eine Sorge mit Lösung ist vielmehr ein Punkt für die To-do-Liste).

3 Welchen Nutzen hat die Sorge ?
Fragen Sie sich, wozu es gut ist, dass Sie sich diese Sorge machen. Vielleicht erkennen Sie, dass Sie sich dadurch vor etwas Schlimmem schützen. Wovor?

4 Welche Sorge ist die schlimmste?
Bringen Sie die Sorgen in eine Reihenfolge: Ordnen Sie sie in eine Skala von 10–0 ein, wobei 10 die höchste Belastung bedeutet.

5 Wo liegt der Wohlfühlbereich?
Markieren Sie auf Ihrer Skala, am besten mit einer anderen Farbe, an welcher Stelle sich die Sorge befinden müsste, damit Sie sich wieder wohlfühlen könnten. Bleiben Sie realistisch: Mit mancher Sorge

kann man leben, wenn sie nur ein bis zwei Skalen-
punkte weiter unten steht. Diese Verbesserungen
sind oft gut durchzuführen, Sie sollten Sie deshalb
gleich angehen.

6 **Welche Lösungswege gibt es?**
Eventuell fallen Ihnen bereits bei der Umskalierung
Möglichkeiten ein, womit sich eine Sorge in den
Wohlfühlbereich der Skala überführen lässt. Wenn
nicht, ist es ein Hinweis dafür, dass Sie aktiver nach
Lösungen suchen sollten.

Analysieren Sie Ihre Antworten. Sie werden schnell feststellen, dass dieser neue Blickwinkel viel kreatives Potenzial
bereithält. Ziel ist nicht, alle Sorgen loszuwerden – das spie-
gelt nicht das Leben wider. Ziel ist vielmehr, Sorgen zu überprüfen und so einzuordnen, dass Sie damit leben können.

Unabänderlichem gelassen begegnen

Sich in das Unabänderliche fügen zu lernen, gilt als weise.
Notwendigkeiten und Realitäten des Lebens anzuerkennen,
so wie sie sind, ist ein Gebot der Intelligenz. Wer gegen alles
kämpft, vermiest sich nicht nur sein Leben, er hat irgendwann auch keine Energie mehr. Selbst wenn Natur, Welt und
Menschen oft ungerecht sind: Mit bestimmten Gegebenheiten müssen wir uns arrangieren. Je besser und schneller man
Veränderungen, Verluste oder Rückschläge akzeptiert, desto
rascher findet man zu einer optimistischen Sicht zurück. Der
Kampf gegen etwas lohnt nur, wenn damit etwas verändert

werden kann. Wer gegen Unabänderliches kämpft, verschwendet seine Ressourcen.

Beispiel

 Den Alterungsprozess des Körpers kann man nicht verhindern. Selbst nach der siebten Schönheitsoperation ist man de facto so alt, wie man ist und wird nicht wieder zwanzig.

Man kann dem Altern nur durch Bewegung, gesunde Ernährung und Humor in Maßen entgegenwirken. Stellen sich Abnutzung oder Gebrechen ein, sollte der Blick darauf liegen, was an Möglichkeiten bleibt, statt darauf, was vorbei ist.

In dem Augenblick, in dem man erkennt, dass der Kampf sich nicht lohnt, und akzeptiert, dass an einer Tatsache nichts verändert werden kann, gewinnt man neue Gedanken und Möglichkeiten:

- den Blick ins Hier und Jetzt anstelle der unveränderbaren Vergangenheit,

- die Möglichkeit der aktiven Zukunftsgestaltung,

- die Hoffnung, dass Dinge / Situationen sich ändern,

- die Gelegenheit, sich mit anderen schönen Dingen auseinanderzusetzen und sich darüber zu freuen,

- Bewusstheit für sich und seine jetzigen Bedürfnisse.

Pflegen Sie Beziehungen

Den Umgang in zwischenmenschlichen Beziehungen zu gestalten und positiv zu entwickeln, trägt wesentlich zum eigenen Optimismus bei. Und: Ein gutes, soziales Netz kann wertvolle Hilfe leisten und einen auffangen, wenn man einmal stolpert. Wir wissen, wie wichtig die Beziehungsebene für das Sozialwesen Mensch ist. Ein finsteres Gesicht kann verunsichern, eisiges Schweigen lähmen, eine fröhliche Miene dagegen wirkt ansteckend und gibt Schwung. Dazu kann jeder seinen Beitrag leisten, indem er

- Feedback einholt und auf positive Weise gibt,
- Vertrauen schafft und Vertrauen gibt,
- einfühlsam mit anderen umgeht,
- Konflikte offen, frühzeitig und couragiert angeht,
- seine Einstellung zum Leben immer wieder überprüft,
- seine Werte und seinen Standpunkt bewusst vertritt,
- seine Schwächen zugibt,
- seine Stärken gezielt einsetzt.

Pflegen Sie Beziehungen im Privat- wie im Berufsleben. Nichts ist anstrengender als ständig gegen menschliche Widerstände agieren zu müssen. Und nichts ist hilfreicher, als wohlmeinende Menschen an seiner Seite zu wissen.

So meistern Sie schwierige Situationen

„Erfolg haben heißt, einmal mehr aufstehen, als man hingefallen ist", sagte Winston Churchill. Einmal mehr aufzustehen, bewährt sich bei der Bewältigung aller schwierigen Lebenssituationen.

Genaue Manöverkritik

Wenn jemand auf eine interne Ausschreibung hin nicht befördert wurde, kann das eine Vielzahl von Gründen haben. Dafür lohnt die genaue Manöverkritik: War die Bewerbung optimal? Ist man für den Job ausreichend qualifiziert? Wie viele Bewerber gab es? Gab es strategische Entscheidungen, die mit der eigenen Person nichts zu tun haben? etc. Pessimisten neigen dazu, sich umgehend nach einer Absage persönliches Versagen zu attestieren: Die wollen mich nicht. Ich bin nicht gut genug. Der Optimist sagt: Dieser Job war nicht der richtige für mich, ich warte auf die nächste Chance. Beim nächsten Mal bereite ich mich besser vor.

Wenn etwas nicht nach Plan verlaufen ist, ist es immer gut, wenn man die Gründe dafür herausfindet. Hier gilt es, klar zu differenzieren, was innerhalb des eigenen Verantwortungsbereichs liegt und was nicht.

Beispiel

Wenn eine Absage auf eine Bewerbung erfolgt, sollte man versuchen in Erfahrung zu bringen, woran es lag. Es kann durchaus nützlich sein, gezielt nachzufragen und die Gründe zu eruieren.

Es ist hilfreich, sich zukünftig auf die Dinge zu konzentrieren, die sich ändern lassen wie z. B. ausreichende Vorbereitung auf Gespräche, genaues Lesen des Stellenprofils etc. Daran kann man feilen, dies lässt sich optimieren.

Für spezifische Gründe wie z. B. „Es waren zweihundert Mitbewerber" kann man sich die Schuldzuweisungen sparen und sollte stattdessen besser das nächste Projekt anpacken.

Wenn die Erfolgsbilanz nicht wie erhofft positiv ausfiel, bleibt stets die Möglichkeit, die Ausgangssituation zu überprüfen und zu optimieren. Sie haben immer die Option, bei einem neuen Versuch erfolgreicher abzuschneiden. Geben Sie sich die Chance.

Mit Rückschlägen fertig werden

Einen herben Rückschlag zu bewältigen hat seinen Preis. Der Preis ist hoch, manchmal sehr hoch und kostet unter Umständen Schweiß und Tränen. Will heißen: Krisenbewältigung ist kein Spaziergang. Stellen Sie sich darauf ein, dass es oft keine bequemen Auswege gibt. Machen Sie sich Folgendes bewusst:

- **Krisen sind ein Lebensbestandteil**
  Krisen sind Entwicklungsschritte und jeder Mensch hat Krisen. Es sind Lebensnotwendigkeiten, die akzeptiert und ins Leben integriert werden müssen. Krisen können zeit-

weise die Identität und den Lebensplan infrage stellen. Doch gerade Unsicherheit bedeutet, dass nichts festgeschrieben ist, wir uns verändern können, wir anders sein und etwas Neues wagen können. Krise bedeutet eine Wandlungszeit – auch zum Besseren hin – akzeptieren Sie sie.

- **Selbstmitleid führt in die Stagnation**
  Wer im Selbstmitleid versinkt, kann dies als Zeichen dafür nehmen, dass er sich seinen Problemen und Ängsten nicht stellt und nichts ändern *will,* aus welchem Grund auch immer. Es bedeutet, dass man sich kampflos mit etwas abgefunden hat oder sich vor dem Kampf um Verbesserung drückt. Selbstmitleid ist Stillstand. Lassen Sie es los, dann haben Sie wieder die Hände frei, und bewegen Sie sich.

- **Sie allein sind verantwortlich**
  Es gibt außer Ihnen niemanden, der Sie aus der Krise führt. Egal wie miserabel etwas gelaufen ist, Sie müssen selbst wieder aufstehen, sonst bleiben Sie auf der Strecke. Sie wissen, wer für Sie verantwortlich ist: Das sind ausschließlich Sie. Vertrauen Sie auf Ihre Fähigkeiten und Stärken. Das ist alles, was Sie brauchen. Nehmen Sie Unterstützung an, die Sie aus Ihrem Umfeld bekommen, aber helfen Sie sich vor allem aktiv selbst.

- **Panta rhei**
  Die Formel panta rhei („Alles fließt") geht auf den griechischen Philosophen Heraklit zurück. Mit seiner berühmten Flusslehre drückte er aus: Alles fließt und nichts bleibt; es

gibt nur ein ewiges Werden und Wandeln. Dieser Gedanke ist insofern tröstlich, als er für alle Zustände gilt. Also auch für schlechte. Somit werden auch schwierige Situationen wieder „wegfließen" und sich wandeln.

Krisen bewältigen

Krisen können zu einer Bereicherung des Lebens werden, weil sie enorme Veränderungen des Selbstkonzeptes mit sich bringen. Krisen sind unangenehm und jeder möchte sie grundsätzlich vermeiden. Aber: Krisen sind notwendig, um elementare Verhaltensweisen oder Lebensumstände zu prüfen, zu verändern oder zu verbessern. Sie sind gleichermaßen Chance, neue Verhaltens- und Erlebensweisen kennenzulernen, was wiederum den Horizont erweitert und uns viele Erkenntnisse schenkt.

> „Eine Krise ist ein produktiver Zustand. Man muss ihr nur den Beigeschmack der Katastrophe nehmen." (Max Frisch)

Um eine Krise zu meistern, benötigt es mehrere Schritte. Richten Sie Ihr Denken in die Richtung, in der es Handlungen generiert (siehe Leitfaden S. 117).

Im Nachhinein stellt sich manche Krise als Abzweigung heraus, an der man sein Leben positiv verändert hat. Manchmal wird einem erst im Nachhinein bewusst, dass eine scheinbare Katastrophe im Laufe der Zeit heilsam und gut war, dass sich das Leben aufgrund dessen zum Besseren gewendet hat. Es entsteht ein neues Selbstbild, welches die Krisensituation – als nicht rückgängig zu machender Bestandteil – ins Leben integriert. Und es entsteht im Rückblick Stolz und Selbstbewusstsein über die eigene Problemlösefähigkeit. Das ist eine gesunde Basis, die der Optimismus braucht, um zu gedeihen. Denn: Wer eine Krise überstanden hat, hat das Zeug dazu, auch die Nächste zu überstehen.

Leitfaden: So meistern Sie Krisen

1 Akzeptieren Sie die Situation und betrachten Sie sie als Start für Neues.

2 Übernehmen Sie Verantwortung für Ihr Handeln.

3 Nehmen Sie Gefühle bewusst an, hinterfragen Sie sie, aber lassen Sie sich nicht lähmen.

4 Denken Sie über die Vielfalt Ihrer Optionen nach.

5 Machen Sie einen konkreten Plan.

6 Werden Sie aktiv und machen Sie weiter.

Optimismus trainieren

Die Aspekte optimistischen Handelns sind vielfältig, eine ganze Reihe davon haben Sie in diesem TaschenGuide kennen gelernt. Nun gilt es, optimistisches Denken und Handeln zu trainieren und konkret in Ihren Alltag einzubringen: „Und plötzlich weißt du, es ist Zeit, etwas Neues zu beginnen und dem Zauber des Anfangs zu vertrauen." (Meister Eckhart)

Zunächst: Behalten Sie die folgenden Optimismus-Leitsätze stets im Kopf, sie werden Ihnen eine Stütze sein.

Ihre Optimismus-Leitsätze

- Heute ist der erste Tag meines optimistischen Lebens.

- Ab heute entscheide ich mich dafür, mich weder von der Vergangenheit noch von unveränderlichen Gegebenheiten leiten zu lassen.

- Nachdem ich nicht weiß, was kommen wird, gehe ich vom Positiven aus.

- Ich sorge dafür, dass es mir gut geht.

- Wenn es mir gut geht, wird es auch meinem Umfeld gut gehen.

- Ich weiß, dass ich für mein Glück und meine Zufriedenheit die Verantwortung trage.

- Ich entscheide ab sofort selbst über mein Leben.

- Ich gebe meinem Leben die Richtung, die ich will.

- Ich werde aus dem, was ich kann und von Geburt an mitbekommen habe, das Beste machen.

- Ich habe jeden Tag die Möglichkeit aus Fehlern zu lernen.

- Ich behalte meine gute Laune und meinen Optimismus, auch wenn einmal etwas schief geht.

- Ich bin stolz darauf, dass ich begonnen habe, optimistisch zu denken.

Im Folgenden finden Sie nun kleine Trainingseinheiten für mehr Optimismus. Niemand kann sich von einem Tag auf den anderen ändern und alte Denkgewohnheiten ablegen. Nehmen Sie sich deshalb jeden Tag eine kleine Einheit vor, auf die Sie Ihren Fokus besonders richten wollen. So werden Sie auf Ihrem Weg zu mehr Optimismus bald mehr und mehr Erfolge spüren.

Schritt für Schritt: Ihre Trainingseinheiten

1 Relativieren Sie, statt zu übertreiben.

2 Suchen Sie nach alternativen Deutungen.

3 Schaffen Sie sich ein positives Umfeld.

4 Halten Sie Ihre Erfolge fest.

5 Feiern Sie Erfolge und loben Sie sich.

6 Haken Sie Misserfolge ab: Auf zu Neuem.

7 Tun Sie sich etwas Gutes, jeden Tag.

8 Meiden Sie die Jammerfalle.

Relativieren Sie, statt zu übertreiben

- Bewerten Sie negative Erlebnisse oder Nachrichten nicht übermäßig.
- Führen Sie sich das Positive vor Augen, das es immer gibt.
- Setzen Sie das Negative in Beziehung zum großen Ganzen.

Beispiel

 Man sieht z. B. die schöne Gesamtentwicklung der eigenen Familie nicht mehr, wenn man sich über ein Kind ärgert und sorgt, das in der Schule durchgefallen ist. Dagegen hilft Relativieren: „Meine Tochter hat zu wenig gelernt und ist durchgefallen. Aber ich freue mich, dass sie musikalisch begabt ist, im sozialen Umfeld anerkannt und sich als tolles Mädchen entwickelt." Das stimmt nicht nur Sie optimistischer, sondern – als positiver Nebeneffekt – auch die Tochter.

Suchen Sie nach alternativen Deutungen

Aus der Fülle von Eindrücken, die Tag für Tag auf das Leben einprasseln, filtert man unwillkürlich diejenigen heraus, welche das eigene Selbst- und Weltbild bestätigen. Das färbt die Erfahrungen entsprechend ein. Tun Sie etwas dagegen:

- Wann immer Sie eine Situation negativ empfinden, überlegen Sie, welche guten Anteile darin enthalten sind.
- Versuchen Sie mindestens zwei positive Deutungsmöglichkeiten zu finden.

Schaffen Sie sich ein positives Umfeld

Wer sich mit Menschen umgibt, die ständig negativ denken oder reden, lebt mit dem Risiko, dass dies die Stimmung trübt. Deshalb:

- Suchen Sie bewusst Kontakt zu Menschen, die eine positive Weltsicht haben. Da Optimismus ansteckend ist, ist die Gesellschaft von Optimisten heiterer und zuversichtlicher als die Gegenwart von Pessimisten. Von Optimisten kann man sich eine Weile „mitziehen" lassen und sich bestimmte Verhaltensweisen abschauen.

- Werden Sie kritisch gegenüber denjenigen Medien, die unentwegt von schlechten Nachrichten und Skandalgeschichten dröhnen. Wer zuviel davon konsumiert, bekommt leicht den Eindruck, die Welt ginge in Kürze unter.

- Fokussieren Sie zum Ausgleich gute Nachrichten.

Halten Sie Ihre Erfolge fest

Machen Sie sich die Mühe, Ihre Erfolge festzuhalten. Sie werden sehen, dass nach einigen Wochen eine ganz beträchtliche Liste entsteht. Diese ist ein schlagkräftiges Gegenargument gegen den Selbstvorwurf: „Ich kriege nichts auf die Reihe ..." Führen Sie regelmäßig ein Erfolgstagebuch:

- Lassen Sie den Tag Revue passieren. Überlegen Sie, was gut gelaufen ist.

- Halten Sie alles fest, was Sie positiv berührt hat.

- Schreiben Sie täglich mindestens drei Punkte auf zu der Frage: Was ist mir an diesem Tag gut gelungen?

Feiern Sie Erfolge und loben Sie sich

Erfolge sind keine Selbstverständlichkeit. Erfolge sind Ressourcen, die viel Energie zurückgeben, Leistungsmotivation erhalten und Stress abbauen. Erreichte Ziele sind ein starker Anreiz für weiteres Engagement und geben Auftrieb. Deshalb:

- Wenn Sie eine Ziellinie überschritten haben, genießen Sie Ihren Erfolg und feiern Sie. Führen Sie ein kleines Ritual ein, mit dem Sie einen Erfolg feiern. Das gibt Energie und beschleunigt die Regeneration nach anstrengenden Zeiten.

- Loben Sie sich für kleine Erfolge und Etappensiege. Sie müssen nicht jeden Tag Sektkorken knallen lassen, aber bewusst bemerken und anerkennen, das schon.

Haken Sie Misserfolge ab: Auf zu Neuem

Was geschehen ist, ist geschehen. Man kann es nicht mehr ändern. Optimisten lernen daraus und akzeptieren den Misserfolg:

- Vergeuden Sie keine Zeit, der Vergangenheit nachzutrauern. Sinnvoller ist es, einen Haken dahinter zu setzen und Ihr neues Ziel zu verfolgen.

- Betrachten Sie Misserfolge als etwas Vorübergehendes, nicht als etwas Typisches.

Tun Sie sich etwas Gutes, jeden Tag

Ab und zu sind Sie dran, ohne schlechtes Gewissen: Das kann ein ausführlicher Spaziergang, ein Wellness-Wochenende, ein Konzertbesuch, ein schönes Essen oder ein Kneipengang mit

Freunden sein. Was für Sie geeignet ist, Kraft und Energie zu tanken, das wissen Sie selbst am besten. Deshalb:

- Tun Sie ab und zu etwas, was Ihnen gut tut und gefällt, ohne Zwang und Verpflichtungen.

- Denken Sie daran: Je ausgeglichener und entspannter Sie sind, desto leichter fällt es Ihnen, optimistisch zu bleiben.

Meiden Sie die Jammerfalle

Rufen Sie sich zur Disziplin, sobald Sie merken, dass Sie sich beklagen. Klagen bringen nichts, außer schlechter Stimmung. Hin und wieder einmal jammern gehört dazu, solange es kurz bleibt. Optimisten begrenzen die Zeit im Jammertal und brechen stattdessen auf zu neuen Ufern:

- Gibt es Anlass zu berechtigten Klagen, sprechen Sie diese an verantwortlicher Stelle an. Überlegen Sie, ob Sie eine Änderung oder Verbesserung herbeiführen können.

- Klagen über die Wetterlage, verspätete Züge oder Stau auf der Autobahn können Sie sich schenken. Wenn nichts zu ändern ist, arrangieren Sie sich mit der Situation und sparen Sie Ihre Energie.

- Freuen Sie sich darüber, wenn es Ihnen gelingt, eine Situation anzunehmen und zu akzeptieren. Daran merken Sie, dass Sie sich bereits eine optimistische Lebenseinstellung angeeignet haben.

Auf einen Blick: Optimistisch handeln

- Konzentrieren Sie sich auf Ihre Stärken und nutzen Sie die positiven Seiten Ihrer Schwächen.

- Festigen Sie Ihr Selbstwertgefühl, indem Sie sich akzeptieren und sich Positives zutrauen.

- Ein entspannter, pragmatischer Umgang mit eigenen und fremden Fehlern, schafft die Basis, aus Fehlern zu lernen.

- Nutzen Sie eine optimistische Denkweise, um negative Gefühle und Stimmungen zu kontrollieren.

- Formulieren Sie Ihre Wünsche und Ziele und planen Sie gezielt deren Umsetzung.

- Analysieren Sie Ihre Sorgen und entwirren Sie diese.

- Begreifen Sie Krisen als Chancen und übernehmen Sie die Verantwortung für sich.

- Trainieren Sie optimistisches Handeln und Denken.

Stichwortverzeichnis

Bibliografische Information der Deutschen Nationalbibliothek

Die Deutsche Nationalbibliothek verzeichnet diese Publikation in der Deutschen Natio-
nalbibliografie; detaillierte bibliografische Daten sind im Internet abrufbar über
http://dnb.d-nb.de.

ISBN 978-3-448-10149-2
Bestell-Nr. 00342-0001

Redaktionsanschrift: Fraunhoferstraße 5, 82152 Planegg
Fon (0 89) 8 95 17-0, Fax (0 89) 8 95 17-2 50
E-Mail: online@haufe.de
Internet: www.haufe.de
Redaktion: Jürgen Fischer

Konzeption und Realisation: Sylvia Rein, 81371 München
Lektorat: Gisela Fichtl, 80993 München; Sylvia Rein, 81371 München
Umschlaggestaltung: Kienle gestaltet, 70178 Stuttgart
Druck: freiburger graphische betriebe, 79108 Freiburg

Die Autorin

Elke Nürnberger

ist Geschäftsführerin des Beratungsunternehmens nürnberger gmbh. Sie arbeitet als Seminarleiterin, Wirtschaftsmediatorin und Coach für zahlreiche Großunternehmen und Führungskräfte. Als Fachautorin veröffentlicht sie Bücher und Beiträge zu den Themen Kommunikation, Führung und Konflikte.

Internet: www.nuernberger-gmbh.de

Weiterführende Literatur

„Gelassenheit lernen", von Elke Nürnberger, 128 Seiten. € 6,90. ISBN 978-3-448-10258-1, Bestell-Nr. 00986

„Emotionale Intelligenz. Das Trainingsbuch", von Marc A. Pletzer, 208 Seiten, € 19,80. ISBN 978-3-448-08054-4, Bestell-Nr. 00087

„Vertrauen. Wie man es aufbaut. Wie man es nutzt. Wie man es verspielt", von Matthias Nöllke, 224 Seiten, € 19,80. ISBN 978-3-448-09591-3, Bestell-Nr. 00128

TaschenGuides – Qualität entscheidet